你叔本華系的？

跟著叔本華看海海人生

劉燁 編譯

　　本書是叔本華原著代表作的精選讀本，是集叔本
華思想之大成的作品。全書分為六大部分，分別為「人
的本性」、「人生總論」、「處世之道」、「待人之
道」、「愛與恨」、「生與死」和「人生對策」。在
這六個部分裡，叔本華分別就人的本性，幸福和快
樂、意志與心智、榮譽與名聲、行為和個性、命運與
對策幾乎囊括了人的一生的各個方面，闡述了獨特新
穎的「幸福論」。

　　在本書中，叔本華從廣泛的人性角度開始，分別對
人們自身的所有，地位及為人處世的方方面面給予
細緻入微的闡述。

崧燁文化

目錄

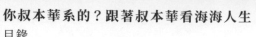

第三章 處世之道

第五章 愛與恨，生與死

第六章 人生對策

序言

　　叔本華（一七八八～一八六〇），德國著名哲學家，開創了唯意志主義哲學及生命哲學流派。其父是一位富有的銀行家，母親是一位通俗小說家。他從小就厭惡商業生涯，憧憬文人學者平靜高雅的生活。

　　叔本華最初在哥廷根大學學醫，後來，改學哲學，對柏拉圖和康德哲學至為傾服。一八一四年叔本華取得博士學位。一八一九年發表重要哲學著作《作為意志和表象的世界》。他的哲學探討的是世界與人類的本質、本源問題，他認為世界的本質是意志，事物是意志的現象或表象，意志與表象的關係是建立在人與世界的關係基礎之上的。人生就是意志的表現，意志是無法滿足的淵藪；而人生卻總是追求這無法滿足的淵藪，所以，人生就是痛苦。

　　叔本華認為，人這種生命現象也是求生意志的客體化，是所有生物中需求最多的。叔本華把意志在追求目的時受到的阻礙稱為痛苦；把意志達到目的的狀況稱為幸福。所以說，痛苦是經常的，幸福卻只是暫時性的。因為，人的追求永無止境，如此說來，痛苦成了人生的本質。此外，如果人的願望得到一時的滿足，可是，可怕的空虛和無聊便會迅速襲來。

　　讀其書而知其人，明其義而囿其辭，叔本華的思想也是一種令人迷惑的哲學。由於時代的侷限和叔本華個人的偏見，文中不少地方感情用事，用語欠妥。在此，敬請讀者在閱讀時予以鑑別，取其精華，去其糟粕。不管如何，叔本華的人生哲學開創了一個時代，影響了一代又一代人。他提出的「意志」、「本能」、「直覺」、「痛苦」、「死亡」有廣泛的價值，叔本華的哲學實際上開創了近代西方人生哲學的先河。

　　本書所選篇章係根據叔本華思想中最具代表性的作品編譯而成，涉及到人的本性、處世之道、待人之道、愛與恨，生與死、人生對策等諸多問題，我們相信本書對於瞭解叔本華的思想，提高年輕人的理論水準，會有所幫助。

第一章 人的本性

人的本性揭示了人生特有的悲劇性、荒誕、虛偽與不幸，叔本華對諸如人與人格、生命、地位、榮譽、財富以及審美、倫理、政治、智慧等一系列困擾人的問題，提出了許多耐人尋味的見解。

▌人是什麼

按語：

人格，是人本身所具有的一些特質，人格所具備的一切特質是人的幸福與快樂最根本和直接的影響因素。其他因素都是間接的、媒介性的，因此它們的影響力可以消除、破滅，但人格因素的影響卻是不可消除的。

從一般意義來說，人是什麼比他有什麼和別人對他的評價是什麼更影響他的幸福。因為個性隨時隨地伴隨著人並且影響他，因此，人格——也就是人本身所具有的東西——是我們首先應該考慮的問題。能自各種享樂裡得到多少快樂是因人而異的。我們大家都知道在肉體享樂方面確係如此，精神享樂方面亦然。

一個個性不好的人把所有的快樂都看成不快樂，好比美酒倒進充滿膽汁的口中也會變苦一樣。因此，生命的幸福與困厄，不在於降臨的事情本身是苦是樂，而要視我們如何面對這些事情，我們的感受如何。人是什麼，他本身所具有的一些特質是什麼，用二個字來說，就是人格。人格所具備的一切特質是人的幸福與快樂最根本和直接的影響因素。其他因素都是間接的、媒介性的，所以它們的影響力也可以消除、破滅，但人格因素的影響卻是不可消除的。這說明了為什麼人根深蒂固的嫉妒心性難以消除，不但如此，人常小心翼翼地掩飾自己的嫉妒心性。

在所有我們所做和所受的經歷中，我們的意識素質總占據著一個經久不變的地位；其他的影響都依賴機會，機會如過眼雲煙，稍縱即逝，且常變動不已；只有個性在我們生命的任何時刻都不停地工作。所以亞里斯多德說：「持

久不變的並不是財富而是人的個性。」我們對完全來自外界的厄運還可以容忍，但由自己的個性導致的苦難卻無法承受：只因運氣可能改變，個性卻難以改變。人自身的福分，如高貴的天性、精明的頭腦、樂觀的氣質、爽朗的精神、健康的體魄，簡單說，是幸福的第一要素；所以我們應盡心盡力去促進和保持這類使人生幸福的特質、莫孜孜以求於外界的功名與利祿。

在這些內在品格裡，最能為人帶來直接快樂的莫過於「愉悅健全的精神」，因為美好的品格自身便是一種幸福；愉快而喜悅的人是幸福的，之所以如此，只因其個人的本性就是愉快而喜悅的。這種美好的品格可以彌補因其他一切幸福的喪失所產生的缺憾。如果你常常笑，你就是幸福的；如果你常常哭，你就是不幸福的。當愉快的心情敲響你的心門時，你就該打開你的心門，讓愉快與你同在，因為它的到來總是好的。但人們卻常躊躇著不願讓自己太快活，唯恐樂極生悲，帶來災禍。事實上「愉快」的本身便是直接的收穫──它不是銀行裡的支票，而是換取幸福的現金。因為它可以使我們立刻獲得快樂，是我們人類所能得到的最大幸事。為什麼這麼說？因為就我們的存在對當前來說，我們只不過是介於兩個永恆之間極短暫的一瞬間而已。我們追尋幸福的最高目標就是如何保障和促進這種愉快的心情。

能夠促進心情愉快的是健康，而非財富。因此，我們應當盡力維護健康，因為唯有健康方能綻放出愉悅的花朵。至於如何維護健康實在也無須我來指明──避免任何過度放縱自己和激烈不愉快的情緒，也不要太抑制自己，經常做戶外運動，冷水浴以及遵守衛生原則。沒有適度的日常運動，便不可能永遠健康，生命過程便是依賴體內各種器官的不停運作，運作的結果不僅影響到有關身體各部門，也影響了全身。亞里斯多德說：「生命便是運動。」運動也的確是生命的本質。

一個人幸福與否在於人的精神，精神的好壞又與健康息息相關。一般來說，人的幸福十之八九有賴健康的身心。有了健康，每件事都是令人快樂的，失掉健康就失掉了快樂。即使其他的人具有如此偉大的心靈，快活樂觀的氣質，也會因健康的喪失而黯然失色，甚至變質。所以當兩人見面時，我們首先是問候對方的健康情形，相互祝福身體康泰，因為健康是成就人類幸福最

重要的成分。只有最愚昧的人才會為了其他的幸福犧牲健康，不管其他的幸福是功名、利祿、學識，還是過眼煙雲似的感官享受，世間沒有任何事物比健康重要。

健康能為我們在極大程度上帶來愉悅的心情，這種心情乃是幸福的本質。不過快樂的心情並不完全依賴於健康，一個人體質上極其完美健全，但他們有可能憂鬱悲哀、多愁善感，並且經常萌生和屈從於一些悲哀的念頭。憂鬱根源於更為內在的體質上，此種體質是無法改變的，它繫於一個人的敏感性和他的體力、生命力的一般關係中。

柏拉圖把人分為性格溫和快樂的人和性格鬱悒難處的人。他指出不同的人對於快樂和痛苦的印象，有不同程度的容忍度，所以，面對同樣的事情，有人可能會痛苦絕望，也有人可能會一笑置之。大概對不快樂印象容忍度越強的人，對快樂印象的容忍度越弱，反之亦然；每件事情的結果不是好就是壞，總擔憂和煩惱著事情可能轉壞，因此，即使結果是好的，他們也快活不起來了。另一種人卻不擔心壞結果，如果結果是好的，他們便很快樂。這就好比兩個人，一個人在十次事業裡成功了九次，還是不快樂，只懊惱那失敗的一次；另一人只成功了一次，卻在這次的成功裡得到安慰和快樂。

世上有利的事也就有其弊，有弊的事亦必有其利。鬱悒而充滿憂慮個性的人所遭遇和必須克服的困厄苦難多半是想像的，而歡樂又漫不經心的人所遭受的困苦都是實在的。因此凡事往壞處想的人不容易受失望的打擊，反之，凡事只見光明一面的人卻常常無法如願。

內心本有憂鬱傾向的人若又得精神病或胃腸消化不良，那麼因為長期的身體不適，憂鬱便轉成為對生命的厭倦。一些小小的不如意事便令其想自殺，更糟的是，即便沒有特殊的原因也會自殺。這種人因長久的不幸福而想自殺，會冷靜而堅定地執行他的決定。如果我們觀察有這樣一個受苦者，因厭倦生命到極點時，便可發現他確實沒有一絲顫慄、掙扎和畏縮，只焦急地等待著他人不注意時，便立刻自殺，自殺幾乎成了最自然和最受他歡迎的解脫工具。

世上即使最健康和愉快的人也可能自殺，只要他對外在的困難和不可避免厄運的恐懼超過了他對死亡的恐懼，就會走上自殺的路。對快活的人而言，

唯有高度的苦難才會導致他自殺；對原本鬱悒的人來說，只要微微的苦難就會使他自殺，二者差別就在受苦的程度。越是憂鬱的人所需的程度愈低，最後甚至低到零度。但一個健康又愉快的人，非高度的受苦不足以使他結束自己的生命。由於內在病態憂鬱情緒的加強可以導致自殺，由於外在強大的苦難也會使人結束自己的生命。在純粹內在到純粹外在的肇因之二極端間，當然還有不同的程度。

美也是健康的事務之一。雖然美只是個人的一種優點，與幸福不構成直接的關係，但卻間接給予他人一種幸福的印象。所以即使對男人來說，美也有它的重要性。美可說是一封打開了的介紹信，它使每個見到這封信的人都對持這封信的人油然而生歡喜之心。荷馬說得好：美是神的賜予，不可輕易地拋擲。

只須大概考察一下就會發現，痛苦與厭倦是人類幸福的兩大勁敵。甚至可以說，即使我們有幸遠離了痛苦，但也離厭倦更近了；若遠離了厭倦，痛苦又靠近了我們，人生多少有些游移於這二者之間。貧窮與困乏帶來痛苦，太得意時人又生厭，所以，當下層階級無休止地與困乏也就是痛苦掙扎時，上流社會卻和「厭倦」打持久戰。在內在或主觀的狀態中，對立的起因，是由於人的容忍度與心靈能力成正比，而個人對痛苦的容忍度，又與厭倦的容忍度成反比。心靈空虛是厭倦的根源，這就好比興奮過後的喘息，人們需要尋找某些事物，來填補空下來的心靈。

由於內在的空洞，人們尋求社交、娛樂和各類享受，因此就產生奢侈浪費與災禍。人避免災禍的最好方法，莫過於增長自己的心靈財富，人的心靈財富越多，厭倦所占的地位就越小。那永不竭盡的思考活動在錯綜複雜的自我和包羅萬象的自然裡，尋找新的素材，從事新的組合，我們如此不斷鼓舞心靈，除了休閒時刻之外，就不會再讓厭倦趁虛而入。

但是，從另一方面來看，高度的才智根植於高度容忍度、強大的意志力和強烈的感情上。這三者的結合體，多愁善感，對各種肉體和精神痛苦的敏感性增高，不耐阻礙，厭惡挫折——這些性質又因高度想像力的作用，更為增強，使整個思緒（其中包括不愉快的思緒），都好似真實存在一樣。以上

所言的人性特質，適用於任何一種人——自最笨的人到空前的大天才都是如此。所以，無論在主觀或客觀兩方面，一個人接近了痛苦便遠離厭倦，反之亦然。

人的天賦氣質決定他受苦的種類，客觀環境也受主觀傾向的影響，人所採用的手段總是對付他所易受的苦難，因此客觀事件有些對他有特殊意義，有些就沒有什麼特殊意義，這是由天賦氣質來決定的。聰明的人首要努力爭取的無非免於痛苦和煩惱的自由，求得安靜和閒暇，過平靜和節儉的生活，減少與他人的接觸，所以，智者在他和同胞相處了極短的時間後，就會退隱；若他有極高的智慧，他更會選擇獨居。一個人內在所具備的越多，求之於他人的越少——他人能給自己的也越少。所以，人——智慧越高，越不合群。

然而，那些經常受苦的人，有朝一日一旦脫離了困乏的痛苦，便立即不顧一切地求得娛樂消遣和社交，唯恐獨守孤寂，與任何人都一拍即合。何以如此，只因孤獨時，人須委身於自己，他內在財富的多寡便 ·覽無遺；愚笨的人，在此雖衣著華麗，也會為了他有卑下的性格呻吟，他永遠也無法擺脫這種包袱，然而，資質聰慧，才華橫溢之士則會以其富有生氣的思想擺脫單調乏味的處境，即使身在荒野，亦不會感到寂寞。塞內卡宣稱，愚蠢是生命的包袱，這話實是至理名言。

人們把大腦視為是有機體的寄生物，彷彿它就寄居在人體內接受養老金的人，而閒暇，即一個人充分享受自己意識和人格的時間，乃是生存得以休息的產物，是它們辛苦、勞累的成果。然而大部分人在閒暇裡，得到些什麼呢？除了感官享樂和浪費外，便只是厭倦與無聊了。這樣度過的閒暇真是毫無價值。亞里斯多德說：無知人的閒暇是多麼可悲啊！而如何享受閒暇實是現代人的最大問題。

閒暇是存在必然的果實和花朵，它使人面對自己，所以內心擁有真實財富的人，才真正知道歡度閒暇。然而，大多數人的閒暇又是什麼呢？一般人把閒暇總當作一無是處似的，他們對閒暇顯得非常厭倦，當成沉重的負擔一樣。這時他的個性，成為自己最大負擔。

事實上，最幸福的人乃是自身擁有足夠內在財富的人，因為他向外界需求極少或者根本無所求。需求的代價是昂貴的，它可能會引起危險，引發麻煩。因此，人們不應當從別人那裡期待過多。我們要知道每人能為他人所做的事情並不多，到頭來，任何人都得各自為政，重要的是，知道那各自為政的不是別人，正是自己。這道理在歌德《詩與真理》一書中有所表明：人們在所有事情上最終只能求助於自己。

　　人所能作為和成就的最高極限，無法踰越自我。人越能發現自己原本是一切快樂的源泉，越能做到這一點，就越能使自己幸福。所以，亞里斯多德說過這樣一條偉大真理：「知足者常樂」。所有其他的幸福來源，在其本質上是不確定、不可靠的，它們都猶如過眼雲煙，隨機緣而定；所以，在最有利的條件下，也可能輕易消失，這原來就是無法避免的事情。當人到老年，這些幸福之源也就必然枯竭，到這個時候所謂愛情、才智、旅行欲，甚至社交能力都遠離我們了，那可怕的死亡更奪走我們的親人和友人——當這樣的時刻，人更須依靠自身，因為唯有自己才是長久伴隨我們的，在人生的各個階段裡，自己是唯一真正和持久幸福的源泉。

　　在充滿悲慘與痛苦的世界中，我們究竟能求得什麼呢？每個人到頭來除了自己外都是一無所得！人一旦想逃避悲慘與痛苦，又難免落入到「厭倦」的魔掌中，況且在這世界裡，又常是惡人得勢，愚聲震天。各人的命運是殘酷的，而整個人類也原是可憫的。世界既然如此，也唯有內在豐富的人才是幸福的。缺乏內在生命的人，其悲慘就好比在暮冬深夜的冰雪中；所以，世上命運好的人，無疑地是指那些具備天賦才情，有豐富個性的人。這種人的生活雖然不一定是光輝燦爛的生活，但卻是最幸福的生活。

　　人要獲得獨立自主和閒暇，必須自願節制欲望，隨時養神養性，更須不受世俗喜好和外在世界的束縛，這樣人就不致為了功名利祿，或為了博取旁人的喜愛和歡呼，而犧牲自己來屈就世俗低下的欲望和趣味。有智慧的人是絕不會如此做的，而必然會聽從荷瑞斯的訓示。荷瑞斯說：「世上最大的傻子是為了外在而犧牲內在，以及為了光彩、地位、外觀、頭銜和榮譽而付出全部或大部分閒暇和自己的獨立。」

人類生而具有與困難搏鬥的力量，一旦困難消失，搏鬥也就終止，這些力量便無處使用，力量反而變成為生命的一種負擔；這時，為了免受厭倦的痛苦，人還須發動自己的力量，同時運用自己的力量。

日常生活裡，一旦沒有了激情來刺激，便會使人感到沉悶、厭煩、乏味，有了激情，生活又變得痛苦不堪。唯有上天賦有過多才智的人是幸福的，因為這能夠使他們過理智的生活，過無痛苦的趣味橫生的生活。只有閒暇自身而無理智，那是不夠的，必須有實在的超人的力量，要免於意志的作用而求助於理智；正如塞內卡所說：無知者的閒暇莫過於死亡，等於生存的墳墓。

一般人將其一生幸福寄託於外界事物上，或是財產、地位、愛妻和子女，或是友人、社會等等，一旦失去他們，或是他們令他失望，他的幸福根基也就毀壞了。對於睿智之士來說，與天才相比，雖沒有顯著的才華，但比一般人又聰慧得多。他們愛好藝術但又不精通，也研究幾門無關緊要的學科，當外界的幸福之源耗竭或不再能滿足他時，也頗能讀書自娛。這種人的重心可說部分在自己身上。唯有具備極高的睿智力，也就是另一種人——天才，才能對知識抱有強烈的求知欲，它能投入全部的時間和所有的精力，力圖陳述他獨特的觀念，或用詩、或以哲學來表達它對生命的看法。這類人把重心完全放在自己身上，他們只要有真正的自我，即使失去其他一切也無所謂。

現在，我們可以得出這樣的結論：天生有充足睿智的人，是最幸福的人。

▌人的本性

按語：

每個人對他人的基本傾向，在品性上被設定為要麼是妒忌，要麼是同情，正是由此出發導致了最初人類道德的善與惡的分道揚鑣。

在康德道德原理的諸種形式中，最流行的一個是「人的尊嚴」。對這一學說的荒謬性，在《道德基礎》一文中對其進行了揭露。所以，在此我只想說：如果有人問，所謂人的尊嚴基礎是什麼，那麼答案是，它是基於人的道德。

尊嚴這個觀念，只能在一種諷刺意義下，用在一種像人類這樣具有罪惡意志、有限智力而體質柔弱的東西身上。倘使人的觀念是一種罪行，人的誕生是一種懲罰，人的生命是一種苦役，人的死亡是一種必然的話，人有什麼地方值得驕傲呢！

因此，當你與人接觸時，不論這個人是誰，都不要根據他的價值和尊嚴對他做客觀的評價。不要考慮他邪惡的意志，也不要考慮他偏狹的理智和荒謬的觀念；因為前者容易使你對他產生憎恨，後者則容易使你輕視他。因此，你應當去關注他的遭遇、他的需要、他的焦慮與他的苦痛。如此，你就能常常感到和他息息相關，你的惻隱之心也會油然而生。唯有這種同情憐憫，才是福音所要求於我們的安寧。抵制憎恨和蔑視的方式，當然不是尋求人的尊嚴，相反地，而是把他當成憐憫的對象。

關於道德和形而上學問題方面，佛教徒持有較深刻的見解，由這種見解出發，他們的思想肇始於人性本惡，而非起源於人性本善，因為德行的出現只是作為罪惡的相反事物或否定。根據修密德《東方蒙古史》中的看法，認為佛教所謂的根本罪惡有四：欲望、怠惰、嗔怒和貪欲。但是，我們也許會以驕傲代替怠惰；這裡，將嫉妒或憎恨當成第五種罪惡。為何要這樣？因為此種做法符合回教中信奉禁慾主義者的看法。回教中信奉禁慾主義派，當然，是受婆羅門教和佛教影響的。這派也認為有四種根本罪惡，他們把四種罪惡配成兩對，因此，欲望和貪慾相連，嗔怒和驕傲相連。與此相反的四種根本德行則是貞潔與寬大以及仁慈與謙遜。

當我們將東方國家所奉行的這些道德觀念，與柏拉圖一再述說的主要德行──正義、勇敢、自制和智慧──比較一下，我們就瞭解了，後者並非基於一些膚淺甚至顯然錯誤的理由而選擇的。德行應該是意志的性質，而智慧則主要是理智的屬性。

每個人對別人的基本傾向，在品性上被定為要麼是妒忌，要麼是同情，正是這一點決定了人類的美德和惡德。每個人都存在這兩種截然相反的對立性質，因為這些性質產生於人在自己命運和他人命運之間所作的無可避免的比較。依這種比較結果對他個性的影響如何，決定他採取哪一種性質作為自

己行動的原則。嫉妒在人與人之間，建立一道堅厚的牆；同情則使這道牆變鬆變薄，有時候，甚至徹底將它推倒；於是，自我與非我之間的區別便消失了。

曾經被視為德行的勇猛，對現代人來說，勇敢已不再是一種德行，但不管怎麼說，膽量可以解釋為在某個時刻遭遇威脅或災禍的一種快速反應，以避免在將來遭受更大災難，而懦弱恰恰相反。膽量的此種迅疾反應的性質與忍耐一樣，因為忍耐包含在某種清醒的意識中——即未來的災禍遠比當前的災禍更為險惡，假若為逃避或對抗這些災禍而採取任何粗野或冒失的舉動，只會為我們帶來另外一些更多的災難。因此，勇敢將是一種堅忍；同時，由於它使我們忍耐和自制，所以，透過堅忍的媒介，勇敢至少接近德行。

如同勇敢在美德中的地位還是一個值得懷疑的觀念，貪慾在惡德中的地位同樣也值得研究。不過一定不能將它與貪婪混為一談，貪慾最為直接的意旨是拉丁詞 avaritia。讓我們接下來描述和考察一下關於貪慾的形成與反對的論證吧，並把最終的判斷留給每個人自己。

一方面的論證是，貪慾並不是一種惡德，只有它的對立面奢侈才是一種惡德。奢侈來源於當下瞬間的一種肉慾的要求，建立在一種錯覺之上，認為感官的享樂具有一種積極的或真實的價值。因此，將來的貧乏和不幸是浪費者換取空虛、短暫以及僅為想像中逸樂的代價；或養成他對那些暗中譏笑自己的寄生者卑躬屈膝的得意和無意義與愚魯的自負，或對群眾的注視和那些羨慕他富麗堂皇者的自負。因此，我們應該避開浪費者，就當他患了鼠疫一樣，同時，在發現他的惡德之後及早和他斷絕來往，免得將來因浪費而帶來的結果來臨時，還要替他承擔責任。

與此同時，我們不要希望那愚笨地浪費自己財產的人，有機會保管別人財產時不會動用別人的財產，因為奢侈浪費會帶來貧窮，貧窮會導致犯罪。《可蘭經》上記載：「一切浪費都是『撒旦的兄弟』」，這句話是相當合理的。

另一方面的論證是：貪慾是一切惡德的根源。當肉體的快樂引誘一個人偏離正道時，他的欲望——他身上所包含的動物性部分——該負責任。它的吸引力深深地影響他，使他屈服於當下的印象，他的行為根本不考慮後果。可是，相反地，當他因年老或體弱而達到一種境況，這時，他過去戒絕不了

的惡德，現在自動離他而去，追求肉體快樂的能力也沒有了——如果他這時轉向貪慾，則心智上的欲望比感官上的欲望，保留的時間久。金錢，代表著這個世界中一切美好的事物，它是這些美好事物的化身，現在卻化成一具乾屍，隨著欲望之火的灰飛煙滅，而在不斷生長、膨脹，並成為利己主義的象徵。現在，在對金錢的熱愛中，他們重新變得生機勃勃、精神煥發。感官上短暫的快樂，已變成對金錢深思熟慮的貪求，這種對金錢的貪求，像貪求金錢所表示的目的物一樣，在性質上是象徵性的，也是無法消滅的。

這種對現世快樂的持久貪欲——似乎是一種經過長久時間之後便自動失去的貪欲；這種根深蒂固的罪惡，這種肉體上高尚文雅的欲望，是集一切欲望的抽象形式，一切欲望對這抽象形式的關係，就像特殊事物對普遍觀念的關係。所以，貪欲是老年人的惡德，正如奢侈浪費是年輕人的惡德一樣。

群體中的每一個人，都會一次又一次地感覺到道德的低落與心智的無能是彼此密切相關的，事實上，情形並非如此，那只是由於我們時常發現兩者在一起，而環境也需要我們拿兩者之一的經常出現來加以解釋，因此，我們很容易看到，兩者不得不出現在一起。同時，兩者又彼此互利。一個無知的人極有可能表現出他背信棄義、陰險狡詐的嘴臉；相反地，聰明的人卻知道該如何掩飾這些特質。在另一方面，一個心腸惡毒的人又時常使人遠離真理，而人的理智是完全有能力掌握真理的！

事實上，每個人，在本性上也都有某種邪惡的一面，即使最高尚的個性，有時候也會因其墮落、腐敗的特性而使我們感到吃驚，好像它和人類是密切相關似的。

一個人在一生當中應儘早知道生活的真諦，自己置身的世界原是一個偽裝的世界，就像一場化裝舞會，透過它，人才能發現自我，否則，生活中發生的許多事情你就不會瞭解，但又不得不容忍它們，甚至對他們完全感到迷惑。

不止於此，我們還要做更為認真地反省，還要記錄下更為醜陋的蠢事。從本質上來說，人是野蠻的，是一個殘忍恐怖的野獸。成百上千的記載，無

論是歷史上的還是現實中的，已經舉出確鑿的明證，就其殘忍狂暴的本性而言，人一點也不輸老虎和土狼。

這些記載無疑寫下了人性罪惡史上最黑暗的篇章，然而，當人們都以為這只不過是人的內在天賦秉性時，人的這種劣根性也就成了泛神論者崇尚的神聖美德，彷彿一切人和一切事物都應由此源源不斷產生出來。在每個人身上所具有的，首先是強烈的自我中心主義，這種自我中心主義以最大的自由突破公理和正義的約束，像日常生活中的以及歷史上各時期的各種情形一樣。對歐洲勢力均衡的公認需要以及保存這種均衡的急切情形來看，不是證明了人是殘忍的野獸嗎？

就我們本性中漫無節制的利己主義而言，在每個人心中或多或少地總是積澱著一些憤怒、忌妒、憎恨、怨恨和惡毒的因素。它們累積起來，就像毒蛇牙齒上的毒液一樣，並且，只等待發洩自己的機會，然後，像不受羈束的魔鬼一樣，咆哮狂怒。

如果一個人沒有大機會逃避，最後他會利用最小機會並借助想像力使最小的機會漸漸成為大機會；因為不管它多麼小，都足以引起他的憤怒。然後，他會盡其所能地把它擴大。人是唯一使別人遭受痛苦而不帶其他目的的動物，人使別人痛苦，沒有別的目的，只是為了使別人痛苦。沒有一個動物只為折磨而折磨另一動物，但人卻如此，正是這種情形，構成人類性格中的殘忍特質，這種殘忍特質比純粹的獸性更壞。

事實上，在每個人的心裡都隱藏著一頭野獸，這頭野獸只等待機會去咆哮狂怒，或者說，如果別人對他有所妨礙，他就會衝上去殺死他們。所有的戰爭欲望和戰爭，皆因此而來。想要減輕這種趨勢並在某種程度以內對它加以控制的話，便要充分運用智慧。如果高興的話，可以稱此為人性的根本邪惡。不過，我認為，人生不斷痛苦的煎熬，想在別人身上產生痛苦以減輕自己痛苦的，就是生活意志。但是在這種方式之下，一個人便漸漸在自己身上顯出真正的殘忍和惡毒。

人性中最壞的特點就是對他人的不幸遭遇感到幸災樂禍。這是一種非常接近殘忍的感情，它與殘忍同根同源，但又有所不同，實際上它們的差別僅

僅是理論與實踐的區別。可以這樣說，幸災樂禍取代了我們本應該具有的憐憫——憐憫是這種感情的反面，也是一切公正與仁愛的真正源泉。

　　嫉妒與憐憫也是相反的，嫉妒產生於一種與幸災樂禍心理直接相反的原因。憐憫與幸災樂禍的對立，從根本上來說，它們之間的對立完全依賴於誘發這種對立的機緣。至於嫉妒，它僅僅是刺激它產生的某種原因的直接結果。這就是為什麼嫉妒雖是一種不好的情感卻可以解釋的理由，總體而言，它是極為一般的一種人之常情。相反地，幸災樂禍卻是極為凶殘的，它所帶來的奚落與嘲弄，聽起來就像來自地獄的聲音，讓人毛骨悚然，不寒而慄。

　　大抵幸災樂禍發生之處，正是憐憫之心應當發生之時。相反地，嫉妒所占的只是沒有引起憐憫的地方，或者說得更正確一點，嫉妒所占的，只是引起與憐憫相反感情的地方；嫉妒發生在人類心中，就只是作為這種相反的感情。所以，從這個觀點去看，嫉妒仍然可以算是一種人類的情操，恐怕沒有一個人能夠完全避免嫉妒。

　　我們一直在觀察著人類的邪惡，邪惡的景象使我們心頭充滿著恐懼感。但是，現在還是讓我們看一看人生的悲哀，當我們看到人生的悲哀而也為這悲哀的情景感到可怕時，便要再去回顧人類的邪惡。這樣，我們將會發現，人生的悲哀與邪惡是相互影響的，我們將會領悟到天地萬物的永恆公正。因而，我們將會認識到世界本身就是對它的最終審判，並且，我們開始意識到，為什麼凡是有生命的東西必須付出生存的懲罰，從生到死，莫不如此。

　　因此，懲罰的不幸與罪惡的不幸是一致的，出於同樣的觀點，我們還將目睹，絕大多數人類是無知無能的，他們在日常生活中的表現是如此的令人作嘔，以致於我們失去了憤慨之心。正如佛家所認為的那樣，在這種永恆的「輪迴」中，人的悲哀、墮落、愚蠢，它們之間保持著一種均衡，並且是等量等值的。然而，因為某些特殊的原因，當我們將視線凝聚於它們中的一種並加以仔細考慮的話，那麼它看起來好像超過了其它兩種。其實，這只是一種幻覺，是由於它們不同的間距所造成的結果。

　　天地萬物之間，莫不表明了這種永恆的「輪迴」。尤其是人類社會。人類社會，從道德觀點來看是非常卑鄙和自私的；從理智觀點看，是非常愚鈍

和無能的。然而,在人類社會中也會間歇性地出現一種「輪迴」,它總是為人帶來一種意外的驚喜。它們不會轉瞬即逝,而是像一道劃破萬籟俱寂漫漫長夜的曙光,照亮我們陰暗的心靈。我們應當把它們當作一種保證,即正是這種永恆的「輪迴」蘊涵著一種善的救贖的原則;這一原則有力量衝破阻礙,慰藉我們的心靈,並去解放整個世界。

人的個性

按語:

個性由兩種要素組成:一種是生命意志本身;另一種是約束力。生命是個性的具體展現,個性所經歷的變化,只是生命過程所賦予的自我認知的一種結果。在生命過程的影響下,它絕不會發生任何變化。

一個人是不可改變的,他的道德個性也必將絕對地伴隨他整個生命旅程。既然你接受了某個角色,那麼你務必演好這個角色,不能與所演角色的人物個性產生絲毫的差異。宗教也好,哲學也罷,或者經驗都不能對你產生絲毫影響。於是產生了這樣一個問題:生命的意義到底是什麼?在人所扮演的這場戲中,既然所有情節都是事先決定、不可更改的,那麼它究竟要達到什麼目的呢?

正是這種扮演,才讓一個人對自己有所瞭解,才明白他所尋求的是什麼,以及他想成為什麼樣的人。換句話說,他希望成為什麼樣的人,事實上他也就是什麼樣的人。這樣一種認識必須從外界才能獲得。生命在於人,或者說,生命在於意志,唯有憑藉生命,一個人才能展示他是什麼,並且憑藉著這個展示,他在事實上才能獲得自己的全部存在。

生命是個性的具體表現,個性所經歷的變化只是生命過程所賦予的自我認知的一種結果。生命是一面鏡子,人照鏡子不是為了看到自己的影像,而是為了能夠透過這種反映逐步瞭解自己。個性決定我們的生命,這種決定比我們想像的要多得多。但是,每個人都是自己命運的建築師,這樣的話語只在一定限度上才是正確的,從表面上看,我們的命運似乎完全是由外界決定

的，但是只要我們回首往事，就會發現生命的種種變化僅僅是因我們的個性所致。

不單人的生命，還包括人的理智，都具有一種明確、清晰的個性，只是人的理智主要是用於理論方面的事情。然而，並非每個人都具有這樣知性的個性，只有天才才具備這種絕對的、超越概念的個性，這種個性構成了天才的內在本質。人的知性個性是主題，人的一切作品都是這個主題的不同變體。

只要我們理解個性的本性，就會明白個性是高於並超越於時間的，在生命過程的影響下，它絕不會發生任何變化。但是，儘管個性依然故我，始終如一，但它還是需要在時間中外化自己，把自身具有的許多特點表現出來。這在於，個性是由兩種因素構成的，一種是生命意志本身；另一種是約束力。人一開始往往都熱衷於欲望的滿足，但是等到年華老去，人到黃昏，便會漸漸明白生命只是一種虛無飄渺的東西，生命的愉悅中包含著許多陰險可怖的事情。然後，根據經驗來觀察，在人的生命中，改邪歸正，棄惡從善幾乎不可能。每個人的天性中，既有非常善良、仁慈的一面，也有極為邪惡、歹毒的一面；至於他在實際生活中顯現出哪一面，就要視情況而定。

因此，我們具有二種不同的，或者可以說是截然相反的對待世界的方式。一種方式是用善良仁慈的一面去對待世界，它把一切生靈都看成是與我們同一的，所以在注視它們時，總是從內心喚起幾絲憐憫、幾份愛心。另一種用邪惡、歹毒的一面去看待一切生靈，它把一切生靈都看成是陌生的，外在於我們、不同於我們的。我們對它們除了嫉妒、仇恨、漠視之外，再沒有其他感情；要是看到它們受罪，更是倍感高興。

假如，一個人非常想做壞事又壓抑住了自己，那麼阻止他行動的因素可能有下列幾種：（1）害怕被報復或者遭受懲罰；（2）崇拜迷信，害怕將來遭到報應；（3）出於同情；（4）擔心名聲受辱；（5）出於正義感，這是與誠實、名譽等優良品行客觀地聯繫在一起的；它還伴有一種堅定維護它們的神聖使命感，因而當某些巨大而又不正當的利益擋在他面前時，他總能輕蔑地拒絕這些利益的誘惑，並宣稱自己是一個高尚的人。

　　做一件善事——在每件善事中——個人自身利益表面上是退居他人利益之後的，無外乎有下面幾種動機：（1）潛在地以自我利益為根據；（2）迷信，希望自我利益在來世得到獎賞；（3）憐憫；（4）想予以援手，為人排憂解難，它遵循這一準則：我們應該互相幫助，希望維護這一準則，可以預料，總有一天我們自己也會得到別人的幫助。

　　一個人在實際行動中若僅僅是出於某種動機而行動，這是絕不可能的。倘若一個人用這一類措辭來掩飾自己時，實際上他脫離不了前面所描述的四種動機之一的影響。在這些動機當中，白痴也知道，只有憐憫才最為真實也最為真誠。

　　善與惡應用於個性，僅僅存在一個選擇問題；就絕對意義而言，善與惡之間沒有任何差別。如果有，也只是在一個問題上，是使自己的利益從屬於他人的利益，還是根本不讓自己吃虧。倘若一個人想在其間保持中立，那麼他就是公正的，然而，絕大多數人在利益問題上，是只顧自己而不顧及他人的。

　　個性上善與惡的根源所在，從我們所掌握的知識而言，惡的個性在思考外部世界，尤其是外部世界中的生物時，它總是伴隨著一種固執的情感：不是我，那不是我，不是我。在這一點，無論是個體還是集體，都極為相似。

　　善的個性也伴隨著一種思想，與惡的性格相反，它不斷充斥一種固執的情感：那是我，是我，就是我。由此會產生一種拯救天下蒼生的激情，一種仁愛之心；與此同時，歡樂、自信、寧靜的感覺也會溢滿心田。與此相反的心情，則是與惡的個性聯繫在一起。

　　不管怎樣，這種差別只是現象，但是這種現象的差別是根本性的。如今，我們明白了一切難題的癥結：意志，作為自在之物，是一致的，用形而上學的觀點來看，它自我一致，並在自身的一切外化或展現中保持自我一致。那麼，為何在此種個性和彼種個性之間會產生如此巨大的差異呢？一方面，是邪惡、殘暴、狠毒的個性；另一方面，是仁慈、寬厚、善良的個性，二者之間有著明顯的甚至是強大的差別。

現在，讓我們回到理智與意志的關係上來，這是唯一一種可能的解釋。不管如何，人的理智和個性的善良之間，絕不可能有任何直接而明顯的關係。因此，我們可以在兩種理智之間做出區別：知性是根據充足理由來掌握事物的關係；知覺則是類似天才的官能；它常直接行動，獨立於充足理由律，並且超越於個體化原則。後者是思考掌握理念的官能，它在行動中不得不具有道德性。道德的差異性只是直接地根源於意志，並且，道德品格並不高於或超越於時間，因為唯有在個體中，理智和意志才能結合起來。然而，意志是高於和超越於時間的，它是永恆的，並且，個性是天賦的，與生俱來的，換句話說，它根源於同一種永恆性之中，因而，除了先驗的解釋之外，對於個性沒有別的解釋。

▌道德本能

按語：

在一個極有德性的人身上，良知活動頻繁不斷，以致它從未沉默不語，良知絕不允許他完全被情慾所驚。

本能是一種先天給定的行動準則，一個人出於本能的行為往往不同於任何其他行為。在出於本能的行為中，關於行為對象的認識跟隨於行為其後。我們有可能對行為所指的對象一無所知，然而這種無知對於達到它是必要的。另外，倘若某行為是出自理智或理性的運用，那麼，認識本身是為了完成一個預定目標而謀劃的，所以，正是這種依據理性規則的行為可能失去其目標，而本能則是萬分可靠的。

至於本能的先天性特徵，柏拉圖在《斐利布斯篇》有過這樣的觀點。柏拉圖認為，本能是一個人對其一生中從未經歷過的某種事物的回憶；相同的說法在《斐多篇》和其他地方還有。他並沒有用其他的語言來表達所有經驗中的先天性因素。

於是，存在著三種先天性事物：

（1）理論理性，使一切經驗成為可能的條件。

（2）本能，某種對象藉以促使感性生活被獲得的規則，這種生活於人是未知的。

（3）道德律，藉此可產生一種行為，而無需任何對象。

因此，理智的或理性的行為由規則設計產生，當對象被認識時，規則與對象一致。本能的行為遵循無須認識行為對象的規則，透過這一規則導致的道德行為沒有任何對象。

理論理性是某類規則的集合體，與之一致，我的全部認識——即整個經驗世界——必然產生。與此相同，本能也是某類規則的集合體，與之相一致，則我的所有行為必然產生。所以，將天性稱為實踐理性可能最為恰當，就好像理論理性——它決定著全部的必然一樣。

此外，所謂道德律，僅僅是良知的一個方面，這一方面是從本能的觀點來陳述的。良知是某種存在於全部理性，或者說全部經驗之外的東西，不管是實踐理性還是理論理性，都和它沒有絲毫關係；當同一個體的理性和良知發生矛盾時，此時，道德律憑藉理智與善良意識的某種聯繫，使個體在二者之間進行抉擇。

在良知和理論的衝突中，倘若個體判定理性獲勝，即使是理論理性，他也會成為一個目光短淺、賣弄學問的庸人；如果是實踐理性，他便會成為一個惡棍。

倘若個體判定良知獲勝，我們則無法對他做出進一步明確斷言，我們無法言說良知，除了以否定的形式。

這就向我們表明了，理性是如何遭到阻礙和遮蔽的，理論理性是如何遭到壓制，而天才卻深得厚愛，實踐理性是如何遭到壓抑，而德性卻倍受推崇。原來，良知既非實踐的，也不是理論的；因為無論是實踐或是理論，只不過都是適用理性的不同特徵。

在行為的道德中，不主張理性和自我的要求。不但如此，正好相反，純粹意志一旦表現出來，事情也就此結束。

事實上，低等動物並沒有道德自由，這並不是因為牠們沒有顯示出良知的痕跡，或者說沒有出現其他類似物。但在我們身上，這些早已是被證明的。雅各·波墨說：「每一個動物都具有一種不可毀滅的力量，世界精神將之引入自身之中，在上帝的最後審判日裡，對抗最終的分離。」所以，我們不能把低等動物看作是自由的，不能這樣做的理由在於，牠們缺少一種機能，這種機能完全服從於最高階段的良知——理性。

倘若埋藏在我們內心深處的私慾和情慾被喚醒，那麼，我們就和低等動物一般無二，在瞬間，我們就會勃然大怒、欲壑難填。此時此刻，良知和知性也都沉默不語，置後果於不顧了。但是，就我們而言，即使在情慾侵占我們全部意識的那一刻，理性也迫使我們自省。它使我們每個人的個性得以清晰顯現，因此，我們有能力依準則行事。低等動物剛好缺乏這種能力，牠完全被體內居於支配地位的欲望所左右，並且，其行為只有借其他欲望才能停止。人，倘若像低等動物那樣任由自己被瞬間的情慾所左右，那他也就是一個無理性的人。

到此，論述了作為道德起源的理性，使我們能夠成為惡棍的，也只有理性，低等動物做不到這點。促使我們做出罪惡決定的，是理性，並且，當挑起罪惡事端的原因被消除時，理性仍不改其決定。雖然，在我們有機會執行決定的那一刻，良知可能以仁慈或愛的化身顯現，但在理性的壓力下，在某種罪惡準則的驅使下，最後與良知背道而馳。歌德說：「一個人若要運用他的理性，目的在於成為一個比野獸更具獸性的人。」

任何時候，只要我們想到在低等動物身上，發現理性的丁點苗頭，總會萬分驚奇。這種驚奇並不是因為牠們表示的善意和慈愛所激發——我們認出了某種不同於理性的東西，而是由牠們的某種行為引起；此種行為不受瞬間情慾的支配，卻被一種預先做出並保持下來的決定所左右。

我們完全相信，在一個極有德性的人身上，良知活動會頻繁不斷，良知從不沉默不語，它絕不允許他完全被情慾所困。正因有這樣的覺悟，他不透過理性的仲介而受道德規則和道德原則的間接指導，他是直接控制一種行為的主體。這就是一個理解力和理性能力都很差的人，卻能憑藉高度的道德意

識而成為傑出人物的緣故。耶穌說：「謙虛之人有福。」雅各・波墨也說：「能平靜地堅持自身意志的人將是世界上最高貴、最富有的人，他們如同子宮中的胎兒，只受孕育和降生他們的內在原則引導和支配。」

▌人有什麼

按語：

財富猶如海水，喝得越多，越是口渴。人有什麼通常因人而異，但絕對相同的需要便是滿足自然必然的需要，這一點，無論貧富皆不例外。

伊比鳩魯把人的需要劃分為三類：第一類需要是自然必然的需要，如食物和衣著。第二類需要是自然的但並非必然的需要，如某些感官的滿足。第三類需要是既非自然又非必然的需要，如對奢侈、揮霍、炫耀以及光彩的渴望。

要用理性定出財富欲的界限，雖然並非不可能，但也實在是一件非常困難的事。因為要滿足一個人的財富的數量並不是絕對不變或明確的，這種數量總是相對的。人人有自己的地平面，在這範圍之外在物能夠得到與否，對他不會有任何影響。有人說：財富好比海水，喝得越多，越是口渴，聲名亦復如此。

人們常常因為欲求錢財甚於其他或嗜財如命而受到譴責，但這是很自然和不可避免的事。任何別的事物都只能滿足一個願望，一種需要。如若能夠品酒，酒才是最好，如若生病，藥才是好的一樣，所有的好都是相對的，唯有錢才是絕對的好。因為錢不僅能夠滿足我們對於某一特殊事物的具體需要，而且能夠滿足我們的一切需要。

倘若某人擁有一筆財富，有幸不受飢寒之苦，能悠閒地生活，那麼他便該把這筆財富當作他可能遭遇的禍患和不幸的保障，而不該把這筆財富當成在世上尋歡作樂的許可證，或者毫無責任地浪費錢財。白手起家的人們，生命沒有這一殊榮，由於充分地發揮了他們所有的才幹，最終擁有財富，這樣的人總把自己的天賦看作是自己的資本，而他們所獲取的錢財不過是這一資

本所生的利息而已。倘若他們只贏得了永久性資本的部分收益，他們絕不會善罷干休。可是一旦他們擁有萬貫家財，便會大肆鋪張，最後又常常陷入貧困當中。

他們的收入或是減少，或根本停止，因為時過境遷，他們的天才已消失殆盡，很多人的才能只是在當時的一系列特殊環境裡才能有效益，一旦環境發生改變，他們的才能便不再有用。

沒有什麼能使那些依靠自己的雙手勞動來吃飯的人不這樣對待他們的財富，假如他們願意的話。因為他們的手藝不會丟失，即使某人的手藝失去了，他的同事也可能彌補他，而且，永遠都要有人從事他們所從事的工作。一句古語說得好：「一種有用的行當就好比一座金礦」。但相對於所有藝術家和專家來說，情況則大不一樣，這也是為什麼後兩者的收入比手工藝人好得多的原因。

通常我們可以看到，真正體驗過困乏和貧窮滋味的人便不再怕苦，比起那些透過道聽塗說瞭解貧困的人，更不會去為需求而擔憂，因而也就更容易奢侈浪費。

一般來說，生長於良好環境裡的人通常比憑運氣致富的暴發戶更為節省和小心地盤算著將來。因此，這樣看來，貧窮彷彿並不是一件真正令人痛苦的事情了。可是，真正的原因是，那些出生良好的人把財富看作是沒有了便無法生存的東西，就像人生存不能缺少空氣一樣。所以，他要以他的全部生命來保衛它。因此，他喜愛有條不紊、深思遠慮、勤儉節約的生活。可是，從小習慣於貧窮的人，過慣了窮苦的生活，如若僥倖發了橫財，他會認為它本來就是多餘的，因而要用來消遣，把它奢侈浪費掉，因為即使最後兩手空空，他也能快活如以前。莎士比亞在《亨利第四》一劇中也曾說過：「乞丐可優哉游哉地過一生，這話真不錯！」

無論如何，我們應該說，生於貧苦的人有著堅定的信心，他們相信命運，也相信天無絕人之路，他們信頭腦，也信心靈；所以，他們和富有的人不一樣，不會把少許貧困看得深不可測。他們堅信：摔倒了還可以爬起來。

　　人類的這一特性證明了為什麼婚前窮苦的妻子較有豐厚嫁妝的太太更愛花費和有更多要求的緣故，這是因為大家閨秀不僅比貧家女帶來更多的財產，同時也帶來了遺傳的天性，以保護其財產。對此，約翰遜博士有過這樣的言論，他說：「出身富裕的婦女，早已習慣支配金錢，善於管理錢財，她會極其明智審慎地使用這筆財產，但是一個因為結婚而歡喜獲得金錢支配權的女子，則會花錢如流水，以致於十分浪費而奢侈。」因此，在此奉勸那些娶了貧家女子的人們，不要將資產留給她花，只須將利息留給她們，而且千萬要小心，別讓她們去掌管孩子們的財產。

　　不管如何，人們都應該小心保護自己所賺的或所繼承的財富，因為若擁有一筆財富，哪怕這筆錢只夠你一個人花一輩子，便可免除那如慢性惡疾般緊附於人身上的貧窮，可以自幾乎是人類必然命運的強迫勞役中解脫。只有這樣，有命運相助，我們才能說某人是自由的，即能夠支配自己的時間和能力，能每天對自己說：「這一天是我的！」

　　假如某人的目標是政治生涯的成功，那就是兩碼子事了。在政治圈中，重要的是獲得他人的好感、朋友以及黨派團體，以便得到他們的幫助，這樣就能一步步擢升到成功之梯的頂端。在這類生活中，放逐到世間身無分文的人是比較容易成功的。

　　倘若這位胸懷宏願之人並非來自門庭赫奕之家，而只是一位有天賦的人，那份貧窮不但不會阻撓他的事業，反而能增加他的聲望。因為所有人都有這樣一個特性，與人相處時，最大的願望就是要證明別人不如自己，在政治生活中更是如此。因此，徹底的寒門之子，不名一文、無足輕重的人，反而能夠靜悄悄地取得一席之地。唯有他才能夠卑躬屈膝，曲意逢迎，在必要時甚至會真實地表現出來，只有他才會屈從於一切，而又藐視一切；只有他才會懂得功績榮譽毫無價值；只有他在說及或寫到某長官要人時能用最大的聲音和最大膽的筆調；只要他們隨意塗鴉一二，他就能把這些譽為傑作。只有他，在幾乎還是孩子的時候，就知道該如何去懇求，因此，不久之後便成了通曉這一隱密的高級僧侶。歌德對此有明確的述說：「抱怨卑賤的目的毫無用處，

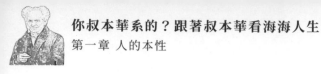

因為無論人們說什麼，都是它們支配著整個世界，因此，我們用不著抱怨世俗目的的低下。」

在另一方面，有足夠財富可以過活的人，通常地說，心靈上便多少有些傾向於能夠獨立自在；他習慣於不同流合汙；也許他會有些濫用他的天賦，儘管他應當知道一點，他絕不會用這種能力去和那些平庸之輩爭個高低；他終究會認清居高位者的真面目，假如他們侮辱冒犯了他，他會倔強執拗，感到羞恥。這種人並不明白處世的學問，他們的行為就像伏爾泰所說的：「生命短促如蜉蝣，將短短的一生去奉承那些卑鄙的惡棍是多麼不值啊！」我想說的是，卑鄙無恥的流氓乃是可惡討厭之輩的標誌。所以米凡諾說：「假使你的貧窮大過才氣，你是很難有成就的。」和政治抱負及社交願望比較起來，這句話更適合藝術和文學的生活。

之所以沒有把妻子兒女包括在個人的所有物之中，是因為自己是為他們所有而非占有他們的。此外，朋友無疑應屬於這一項，但一個人的朋友屬於他自己，而他也同樣地屬於他的朋友，兩者完全是等價的。

▌地位，或他人眼中的位置

按語：

倘若人不能在個性與財產中找到幸福的源頭，卻關注自己在他人眼中的位置，寄希望於他人的讚美，這便陷入危險境地了。

（1）名譽

人性有這樣一個弱點，即人們過分重視他人對自己的看法，儘管這種看法所能造成的回響微乎其微。不可理解的是所有人都會因得到別人的好評或恭維，他們的虛榮心就會作怪，會感到由衷的高興，其實，只要稍加反省就可知道別人的看法並不能影響我們可能獲得的幸福。反過來，當一個人的感情和自尊心受到自然、地位或是環境的傷害，當他被冷漠、輕視和忽略時，每個人都難免心生煩惱，有時甚至深陷痛苦之中而無法自拔。

倘若榮譽感便是基於此種「喜褒惡貶」的本性而產生的話，那麼榮譽感就可取代道德律，而有益於大眾福利了。但是，對人們的幸福，尤其是對於和幸福水乳交融的心靈寧靜與獨立，與其說有益，倒不如說更多的是擾亂了我們內心的平靜，破壞了我們的幸福。所以，就幸福的觀點而言，我們應制止這種弱點的蔓延，自己恰當而正確的考慮及衡量某些利益的相對價值，進而減輕對他人意見的高度感受性。

因此，將人在自己心目中的價值和在他人眼裡的價值加以適當的比較，是有助於我們幸福的。人在自己心目中的價值是集合了我們的各種優點在自我意識中形成的概念。

如果人不能在個性與財產中找到幸福的源頭，卻寄希望於他人的讚美，這便陷於危險境地了。過分重視他人的意見是人人都會犯的錯誤，這個錯誤根源於人性深處，也是文明與社會環境的結果，但是不管它的來源是什麼，這種錯誤在我們所有行徑上所產生的巨大影響，以及它有害於真正幸福的事實則是不容否認的。日常經驗告訴我們，太重視名譽正是一般人最常犯的錯誤，人們不太注意自己的感覺，反而非常計較別人的想法。

我們每做一件事，最先想到的便是：「別人會怎麼想。」人的一生中幾乎有一半的麻煩和困擾就是來自我們對此項結果的焦慮上；說到底，這種焦慮不過是一種妄自尊大的情感而已，由於它敏感到了完全變態的地步，因此這種自尊心極易受到傷害。對他人的看法操心焦慮，構成了我們的虛榮心、自我炫耀以及狂妄自大的基礎。沒有了這種焦慮，也就不會有這麼多的奢侈了。人在生命的每個階段都有這種焦慮。我們在小孩身上已可見到，而它在老年人身上所產生的作用就更強烈、明顯了，因為當年華老去，已沒有能力享受多種感官之樂時，除了貪婪，也就只剩虛榮與驕傲了。

事實上，我們所有的焦慮、苦惱、困擾、麻煩，大部分都因擔心別人怎麼說而引起，在這方面我們的愚蠢和那些可憐的犯人沒什麼兩樣。要知道幸福是孕育於心靈的平和及滿足中的。因此，要想獲得幸福，就必須合理地限制這種擔心別人會怎麼說的本能衝動。當然要做到這點還是很困難的，因為衝動是人性內自然的執拗。

塔西陀說：「對名聲的欲望是智者最難以擺脫的」。結束這一愚蠢行為的唯一方法，就是清醒地意識到，它是愚蠢的。倘若人們能夠超脫這種愚蠢的行徑，便會促進我們心靈的平靜和歡樂，返樸歸真，回到自我。同時我們可以避免許多厄運，由於我們的愚昧造成的厄運只有當我們不再在意這些不可捉摸的陰影，並注意堅實的真實時才能避免，這樣，我們方能沒有阻礙地享受美好的真實。但是，要記住，好事多磨。

（2）驕傲

驕傲是自己對自身某些特殊方面有卓越價值的確信，是一種內在的活動。只有堅定不移地確信自己具有傑出的品行和特殊的價值，才會使人產生嚴格意義上的驕傲，當然這種信念也許是錯誤的，或者是建立在一種偶然的、傳統的特性上。對一切驕傲的人，也就是對當前有最為迫切要求的人，因為驕傲是基於一種確信，所以它與其他不是由自己裁決的知識相似。驕傲的最大敵人——虛榮心，為了打下必要的基礎以謀求對自我價值的高度評價，虛榮心便對世人投其所好，阿諛奉承，而驕傲則是以早就存在的確信為基礎。

通常「驕傲」總是受到指責，事實上，只有自己沒有足以自傲之物的人才會貶損「驕傲」這種品德。鑒於多數人的厚顏無恥、蠻橫，任何具有優秀品格的人，如果不願他的品德永久被忽略，就該隨時注意這一點，因為假如一個品德優良的人，好心地無視自己的優越性，依然與一般人和睦相處，就彷彿他與他們完全平等，那麼他們會肆無忌憚地把你看成他們的同類。在此，特別奉勸那些最為卓越的人——個人本性上真正名符其實的卓越——卓越就像勛章和頭銜一樣，不能隨時都引起人們的注目；另外，他們會看到，親暱生狎侮，或如羅馬人曾經說的那樣：愚人教智者。阿拉伯古諺說：「和奴隸開玩笑，他不久便會狼狽不堪。」

當謙虛這一美德具有虛構的成分時，那對於愚人是極為有利的；因為每個人都應該謙虛地不表現自己，這樣，世人都類似了。

驕傲中最廉價的是民族的驕傲，因為如果一個人為他的民族而驕傲，那剛好說明他自己並沒有什麼值得驕傲的資本，不然，他也不會把驕傲放到他

和他的千百萬同胞共同分享的東西上了。天賦資質的人可以一眼看出自己國家的短處，只有本身一無是處的笨人才不得不依賴他祖國的驕傲。

（3）官位

官位純粹是一種市俗的價值。嚴格地說，它只是一件虛偽的外套，為的是獲取人的敬意，所以事實上，它僅僅是個假冒的東西而已。

勳章，可說是誘導民意的匯票，其價值的高低在於持票人的聲望爵位而定。當然，將授予爵位等級來代替頒發年金可以替政府省下一大筆錢，而且，若頒發勳章嚴格慎重，人人各得其位，各盡其職，未嘗不是國家之福。一般而言，人們通常只用眼睛和耳朵去看待事物，而少於判斷，少於記憶。國家有多種服務超過了常人們的理解範圍，有一些措施雖然使他們獲益匪淺，也在一段時間裡博得了他們的讚揚，但他們很快就遺忘了。

因而在我看來，十字勳章或星章的頒發都應該告知天下，讓所有人知道，這個人與眾不同，他有所成就。

然而，一旦不公正或缺乏適當或者大量地頒授等級的話，爵位便失去了它的價值。所以國王們在頒發爵位時該像生意人簽匯票一樣謹慎才好。

（4）榮譽

榮譽可分主觀及客觀的兩面，就從客觀的一面來說，榮譽是他人對我們的評價與觀感；就主觀的一面而言，榮譽感是我們對這種評價及觀感的重視。從後一點來看，要享譽四方就要對人產生一些經常有益的但並非純道德上的影響。

人們很快便會發現，一切事情對於他來說都是有用的，決定他是否有用的不是他自己而是別人的意見；於是他極其所能給世人一個美好的印象，他極其在乎這一美好印象的建立。這是人類基本的、內在的本性，即所謂的「榮譽感」，或者在別的方面來說所謂的「恥辱感」。

為了獲得別人的信任而與他人建立起來的各種關係，導致了幾種榮譽之間的不同，其區別主要在於「我的」和「你的」之間的差別；其次在於各種

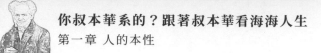
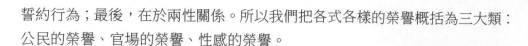

誓約行為；最後，在於兩性關係。所以我們把各式各樣的榮譽概括為三大類：公民的榮譽、官場的榮譽、性感的榮譽。

「公民的榮譽」是最常見的一種，是人與人之間和平交往的條件，任何人對這種和平交往的毀壞也就是毀壞了「公民的榮譽」。「公民榮譽」的名稱和起源皆來自中產階級，可是它卻適用於全人類。沒有人可以無視此種榮譽的嚴肅性和重要性，任何人都應謹慎小心待之，因為信心一旦喪失，將永無再得到信心的希望，不論他做什麼事或成為什麼人，失去信心的悲慘後果是永遠無法避免的。

榮譽不是人們對某人獨具品格的讚揚，而是對某人應該表現且不應錯的一些品格之期許，強調每個人都不該例外。榮譽的性質是否定的，榮譽的此種否定性質是不同於任何「被動」性質的，因為榮譽一旦發動，將比任何東西更具主動的性質。所以榮譽完全是我們能力以內的事。

至於官方的榮譽，一些人的普遍看法是，一個人擔任某種官職，在實際上就必須具有執行其任務的必要條件。人們在國家中所必須履行的責任越重大緊要，他所擔任的職位就會越高越有權勢，人們對於適合於他職位的道德、理智的品行所持有的看法就越發強烈。因此，官位越大，他享有的榮譽就越高。事實上，具有特別任務的人比起一般人是更具有大的榮譽的，一般人的榮譽主要是使自己免於羞辱。

性愛的榮譽都是建立在功利基礎上的。關於這一題旨有兩種自然的劃分：女人性愛的榮譽，男人性愛的榮譽。因為女人一生的主要內容大部分是她和男人的關係，因此性愛對女人的重要性就比對男人的重要了。

（5）名聲

名聲和榮譽好比孿生兄弟，名聲是不朽的，不像榮譽般短暫。當然，這裡所說的名聲指的是極高層的名聲，即這個詞嚴格意義上所說的名聲。的確，名聲是有許多種的，有的名聲也稍縱即逝。所有的人都可以要求榮譽，但幾乎沒有人可以要求名聲，即使可以，也只能依靠非凡的成就，才能取得名聲。

　　這類成就可分為立功、立言兩種，立功立言是通往名聲的兩條大道。在立功的道路中，具有一顆偉大的心靈是他的主要條件；而立言則需一個偉大的頭腦。兩條大道各有利弊，主要的差異在於功業如過眼雲煙，而著作卻永垂不朽。極為高貴的功勛事跡，也只能影響短暫的時間；然而一部才華四溢的名著，卻是活生生的靈感泉源，可歷千秋萬世而長新。功業留給人們的是回憶，並且在歲月中逐漸消失和變形，人們逐漸不再關心，終至完全消失，除非歷史將他凝化成石，流傳後世。名聲躲避追求的人，卻追求躲避他的人。名聲不易獲得，卻極易保存。無論是立德還是立言，只要有所立便不會失去。

　　每個人生活、生存是為了自己，同時重要地活在自己之中，他成為什麼，如何生活，對自己比對他人重要得多，所以假使他在這方面無法得到自己的尊重，在別人眼裡他也值不了多少了。其他人對他的評價是二等和次要的事，且受生命裡一切機會的支配，並不會直接影響他。別人是寄存我們真正幸福的最壞之所，也許可能寄存想像的幸福在他人身上，但真正的幸福必須存在於自己之中。所以自己對自己的看法比他人對自己的評價更為緊要，他人意志僅處於附屬的地位。

　　真正的名聲是死後方得的名聲，假使某人發現自己具有偉大的心智，他便該獨自尋求有關自然全體和廣大人性的問題之答案，這些是所有問題中最困難的，唯有才分很高的人才能涉入，這種人最好把他的看法延伸到每個方向，不要迷失在錯綜的岔路上，也不要探涉偏僻的地區；換句話說，他不該把自己涉入專門科目或某些細節的探討上。他不必為了逃避成群的敵手而鑽入冷門的科目裡；日常生活便能作為他建構嚴肅而真實新定理的原料；而他所付出的服務會受到所有瞭解他所依據事實的人士之欣賞，這種人占了人類的大部分。由此我們可以看出學習物理、化學、解剖、礦物、植物、語言、歷史，與研究生活中的偉大事實之人，詩人與哲學家，是多麼不同了。

▎心理的觀察

按語：

一個勝過他人的人，看不到其他人的優點，看不到超出他自己擁有的東西以外的任何東西，因為他骨子裡想看到的不過就是這個範圍的東西而已。

當我們被極大苦痛摧殘、折磨的時候，外界的反應會讓我們痛心地發現，我們所處的世界是冷漠的，是自行其道，與我們毫不相干的。正如歌德所說：「這個世界是多麼輕易地拋棄我們，使我們變得無助、孤獨，它總像太陽和月亮那樣繼續走它自己的路。」縱使如此，我們還得而且必須是若無其事地進行成千上萬的活動。所以，為了恢復我們外部的所作所為與我們內在的感情之間的協調，我們怒吼、狂叫，痛苦得或氣得直跺腳。

我們的性情是如此暴虐，以致除非把一切所引入我們自己的生活，並且強迫人人都同情我們，否則，我們是不會感到滿足的。獲得這個結果的唯一辦法便是贏得別人的愛。然而這有些困難，於是我們時常選擇捷徑，把我們的苦惱負擔洩漏給那些並不相干的人們，他們往往帶著無限的好奇心，他們願意傾聽你的訴說，但是他們並不會去同情你。

煩惱是作為智慧的人對作為意志的人之強有力的表現所施加控制的狀態。有兩種方法可以避免這種煩惱；一是靠抑制這意志的猛烈；二是靠智慧離開控制。

單憑一個人的人格，就能獲得一個美麗女人的歡心，這或許是對一個人的虛榮心比對任何其他東西一種更大的滿足；因為這是確信，一個人的人格是那被最為珍視、欲求與蔑視所有其他之人的等價物。因此，被拒之戀是很大的突發性劇痛，倘若是因忌妒心引起，痛苦更顯為猛烈。

或許虛榮心比其它感官更主要地和歡樂與痛苦有關，因為只有心智的東西，才能產生如此猛烈的震顫。低等動物熟知情慾，但並不知激情的愉悅與愛情的痛苦。

在我們的人生之旅上，我們看到了許許多多、花花綠綠的人生景象，正因為這些景象才使得人生之旅充滿了樂趣。但是，我們看到的只不過是人生的表面現象，猶如向大眾敞開，陌生人也可以進入的任何地方一樣。

另一方面，人生的內面現象、生命存在、活動與顯示其特性之處的本心與中心，特別是我們在家中能看到的親屬間的內面的關係，我們無法看到：我們已經用內面交換了這外面。這就是為何在我們的人生旅途上，看到這世界恍若一幅色彩瑰麗的風景畫，儘管視野頗為寬闊，卻沒有前景的原因，因而隨著時間的流逝，總有一天我們會對這世界感到厭倦。

有一種人關心他給其他人的印象；有一種人則更關心其他人對他自己的印象。前一種人的氣質是主觀的；後一種人的氣質是客觀的；前一種人在其整個實存中，更像是一個僅僅具有被人捉出來的觀念的人；後一種人，在他的整個實存中，更像是那捉出觀念的人。

畢達哥拉斯說：只有英雄識英雄，在許多方面一點不假。他說明了，每一個人怎麼只能和他的同胞相類似，或者起碼是屬於相似的性格，他才能瞭解他的緣故。

一個人肯定能在他人身上，看到人人所共有的，人們本性的、庸俗的，器量小的與卑鄙的成分；在此，每個人對他的同胞都有所瞭解；一個有勝過另一個人優點的人，看不到其他人的優點，看不到超出他自己擁有的東西以外的任何東西，因為他骨子裡想看到的不過就是這個範圍的東西而已。倘若有任何使他困惑的事情，它將帶給他一種模糊的，夾雜著慍怒的恐懼感，因為它超出了他的理解力，所以與他志趣並不相合。

這就是為什麼說，只有心心相印才能彼此理解的緣故。為何天才的作品，只有一個天才的人能完全地理解與充分地評價；並且，為什麼由於群眾眼裡認為這些作品在任何真正的意義上絕不存在，它們必須經過漫長的時間，才能間接地引起注意。這也就是為什麼一個人將直視另一個人的表情，心裡確信，即除去他將看到他自己的可憐的相似物以外，決看不到其他的東西；並且，這個正是他將看到的東西，因為除它以外，他不能掌握什麼東西。

因此，一個極有天賦的人，在與別人交談中，應該總要考慮到，他自己的最好部分遠在雲霄，別人是看不見的，所以，如果他確定想知道別人對他的看法如何，只要考慮一下所說的那個人在他眼裡怎麼樣就行了。一個與別人志趣不相投的人，同樣地，別人與他志趣也不相投。

第二章 人生總論

不同的人看到不同的世界，有人認為它荒蕪、枯燥和膚淺，有人覺得它豐富、有趣而充滿意義。

人生總論，對人生的快樂和幸福作了基本劃分；人的自身、人的所有和人的地位。另外，對於人生的選擇和準備作了總體的概括。

▌周詳的準備

按語：

企圖為一生做周詳準備的人是愚蠢的，是弱智；沒有人能確切知道自己能活多久，且人生多變故，在變故面前，所有的準備不堪一擊，與其如此，還不如持機警之心，隨時應付突發事件。

事先為我們的一生做周詳的準備——無論是何種準備，那都是最弱智的做法，最愚蠢的行為。因為，這種準備離不開一個前提條件，那就是我們必須長壽。首先假定我們會長壽，我們能活到人類最長天年——事實上，有多少人能活那麼久！即使能活那麼久，對於所完成的計畫而言，也太短了。因為要實現的計畫太多，需要的時間比我們在開始時所想到的要更多；況且，沿途定有許多事故和障礙。在人世中，究竟有多少人能達到目標？最終，縱使目標達到了，我們靜下心來思考一下時間對我們的影響，我們的工作能力和享受能力絕不可能一輩子都一樣。因此，當我們全力以赴取得了希望獲得的東西時，忽然間你會發現那已經不適合我們了。

為事業做準備所浪費的時間，不經意間剝奪了我們去貫徹它的力量。一個人耗盡畢生精力，不畏艱難和險阻，嘔心瀝血所累積起來的財富，自己卻常常無法享用，一輩子辛苦所得只能留給他人；或者是，多年努力拚搏所獲得的職位，卻沒有能力擔任，對他來說，幸福來得太晚，從另一方面來說，他自己抵達得太晚，無緣享受幸福。

人生的選擇

按語：

倘若你對音樂具有極高的天賦，就不要迷戀畫家手中的筆，正確的做法便是從事適合自我的職業而不迷戀他人的輝煌成就。

不同的人看到不同的世界：有人認為它荒蕪、枯燥、膚淺、冷漠而乏味；有人認為它豐富、有趣、有活力而充滿意義。因此，我們所處的世界是怎樣的，主要在於我們以何種方式來看待它。

我們竭盡全力唯一能做的事，就是盡可能發揮自我的品行，把我們自身具有的才智全部用到我們所從事的事業上，在能力範圍之內，不被其他麻煩事侵擾。因此，我們得選擇最適合我們發展的職位、行業及生活方式。

人生之旅

按語：

人生好比一次旅行，沿途所見景色跟開始的時候不同，當我們走近些，它又有變化。

人生好比一次旅行，沿途定會看見許多美景，只是其景色跟剛開始時有所不同，當我們靠近它時，它又有變化，它無時無刻不在變化。這就是真實的人生，今天將成為昨日，昨日已成為歷史，每一刻都在變化，對我們的願望而言，更是如此。我們時常能意外地找到那些別的比我們所要尋求的更好的東西；我們所要尋找的東西，往往不在我們著手尋找的那條途徑上，因此，我們找不到期望的歡樂和喜悅，唯一給予我們的，只有經驗、世故、知識——而這是一種真正的、永恆的幸福，不是短暫的，只在幻想之中才有的。

▌福分的劃分

按語：

大凡成名哲學家或是學者，對福分的劃分總有著自己與眾不同的見解，且有看起來冠冕堂皇或是充足的理由來支持他自身的這一見解。至於我們是贊同還是反對，那僅僅是我們個人的事，與他人無關。

亞里斯多德將人生的福分分為三類：即來自外界的福分、來自心靈的福分和來自肉體的福分。我不計較這種劃分的內容，只想保留它的數字。然而，據我觀察，人的命運的根本不同點可以歸納為以下三類：

一、人的自身：針對人格的廣泛意義而言，它通常包括精力、品性，才智修養和健康。

二、人的所有：指財產和其他各種可能占有的一切。

三、人的地位：就是他人把你看成什麼人，換句話說，他人是根據什麼看待你的。這可以從別人對你的看法中透露出來，而別人對你的看法，又可以從你所獲得的榮譽、地位和名聲中明顯地看出來。

▌人的命運

按語：

偶然在生活中是沒有氣量的，和諧和秩序把持著對生活的統治，把純粹明顯的偶然事件視為帶有一定的目的確實是一個大膽的想法。事實上，每個人都會在其一生中不只一次曾經明確地產生過這一想法。然而是否相信天命的主宰由你自己決定。

相信某種天命的主宰，或確信在冥冥之中有某種超然的東西在駕馭著我們每一個人一生中的大小事情——這在各個年代、時期都很普遍也很流行，甚至那些自命清高的思想家有時候也會對這命運上天注定的說法深信不疑，事實上，這跟任何既定的教義沒有絲毫關係。

的確，當一個人回顧自己人生歷程中的細節時，自己一生中所發生的一切有時候顯得就像早已安排好了似的，而出現過的人物就猶如在一部戲裡陸續登場的演員而已。對此，《涅布爾的文學遺著》裡有過這樣的述說：「經過仔細的觀察，我們就會發現許多人的一生都有某種規劃——這一規劃透過人們的自身天性或者透過外在的情勢得以實現；此種規劃就像預先被細緻地確定了下來。儘管人們的生活狀態起伏不定和變化多端，但到了人生的最後，我們看到的是一個統一體——這裡面有著某種確切的和諧一致。雖然某一確切的命運在隱祕地發揮著作用，但命運之手仍清晰可辨；外在影響或者內在衝動伴隨著它而動，甚至相互矛盾的原因，都常常結合起來向著這命運之手的方向活動。不管人生進程如何迷惘、混亂，動機和方向總會顯示出來。」

　　每個人一生中的某種規劃，可以部分地從一個人與生俱來的個性得到說明；這一個性始終如一地把一個人拉回到同樣的軌道上去。每個人都能直接且準確地認出與自己個性甚為吻合的東西；由於這一特性，每個人都會追求和抓住適合自己個人的東西，他甚至無法向自己解釋清楚為何會這樣做，他這樣做既非受到外在的影響，也非自己的虛假觀念和偏見所致。情形如同在沙灘上被陽光孵化的小龜：牠們破殼以後馬上就會徑直向海裡爬去——此時，牠們根本沒有發現海水的能力。因此，這是我們內在的羅盤針所致，一種神祕的衝動——它引導我們準確地走上那條唯一適合我們的道路。不過，只有當一個人走完了自己的人生之路後，才會發現這條路始終如一地通往同一個方向。但是，與之外在環境所發揮的巨大力量和強烈影響相比，這種內在牽引力顯得不值一提。

　　在人生進程中，內在必然性顯出為人的本能衝動，然後是理性的權衡、思維，最後，外在情勢也加入共同發揮作用，這樣，在人生走到盡頭之後，在這些因素的共同作用下，這一生就猶如一件終於圓滿完成的藝術品——雖然在此之前，當人生還在發展變化時，它看上去似乎欠缺計畫或者目標。這就跟每一件在計畫中進行，但還沒有峻工的藝術品一樣。當人生圓滿完成之後，仔細審視這一生的每一個人，都會讓你瞠目結舌：這一人生軌跡活生生就是深謀遠慮、匠心獨運和持之以恆結出的成果。這一結果是否意味深長則視這一人生的主體是平凡庸俗，還是出類拔萃。

從這一觀點出發，我們就能領會這一相當超驗的思想，在偶然占據著統治地位的現象世界的背後，存在著一個無處不在的思考的世界——它控制著偶然和變故。當然，大自然所做的一切事情都著眼於種屬，它不會只為個體效勞，對於大自然來說，前者是一切，後者則什麼都不是。只不過在我們現在所做的假定中，在此發揮作用的並不是這一大自然，而是超越大自然以外的某種形而上學的東西——它完整、不可分地存在於每一個體裡面。所以，發生的所有這一切都涉及全部個體。

古人們用詩歌和散文永不知疲倦地強調命運的無所不能和以此襯托出人的無能為力。莎士比亞在《第十二夜》裡說道：「命運，顯示您的力量吧，我們身不由己，命定如何，就該如何。」歌德也在《柏列行根的神》一劇第五章寫道：「我們人類無法駕馭自己，控制我們的力量由那些邪惡精靈所一手掌握；他們惡意戲弄我們，使我們沉淪、毀滅。」另外，在《艾格蒙特》裡記錄著這樣一段文字：「人們以為指揮著自己的生活，但內在深處卻不由自主地受到自己命運的牽引。」

所有的這一切都是因我們的行事是兩種因素作用後的必然結果：其一是我們的個性——它固定不變，並且只能自驗地，因此是逐漸地為我們所瞭解；其二是原因——它存在於外在，隨著世事的發展而必然出現。

因此，一種看不見的操縱力量指引著我們，直至死亡這一真正的結局，亦即就這方面而言生命之目的；但這種視而不見的操縱力量也只呈現於真真假假的外相之中。在死亡的一刻，一切神祕力量就聚合在一起發揮作用——它們決定著一個人的永恆命運。

▌人世的痛苦

按語：

一定的焦慮、痛苦、煩惱對每個人來說，在任何時候都是必要的。這就好比一條航船必須有壓艙物，倘若缺了它，便無法保持平穩，也就無法正常行駛。

倘若痛苦不是我們生活最直接的目的，那我們的生存就是在這世上最為違反目的的東西了。這是因為假若認為在這世上無處不在的，源自匱乏和困難——這些密不可分的——那些永無窮盡的痛苦並沒有任何目的，純粹只是意外，這樣的假設絕對是荒謬的。我們對痛苦的敏感幾乎是無限的，但對享樂的感覺則相當有限，雖然每一個不幸的事是例外的情形，但總體上，不幸卻是規律中的慣常情形。

生存的全部痛苦就在於：時間不停地在壓迫著我們，使我們喘氣急促，並且緊逼在我們身後，猶如持鞭的人。但是，一定的焦慮、痛苦、煩惱對於每個人來說，在任何時候都是必要的。一條航船如果沒有壓艙物，它就無法保持平穩，也就無法正常行駛，人生同樣如此。

一點沒錯，正是工作、憂慮、勞動和煩惱這些讓人痛恨的傢伙，幾乎構成了所有人漫長的整個生涯。但是，如果人的全部願望剛出現就得到了滿足，那人又將如何填補他們的生活呢？他們又有何作為呢？倘若整個世界是一個豪奢而安逸的伊甸園，是一塊流溢乳蜜的田野，在那裡，每個人能毫不費力地得到自己的心上人，那麼人們或者會厭倦而死，或自縊而亡。要麼世界上將充滿戰爭、殘殺和謀殺，以致人類最終不得不遭受比大自然之手現在所給予的更為沉重的苦難。

生活是一項必須完成的任務。盡職而終的說法是一件善事，它意味著某些人已經了結了他的工作。

人類幸福和痛苦的形式無論如何變幻，引導人們去追尋幸福和躲避痛苦的物質基礎就在於肉體的快適和肉體的苦痛。這一基礎極為有限，它僅僅是健康、食物、對潮濕與寒冷的抵禦，還有對性衝動的滿足，或是缺乏這些東西。因而，就真正的肉體快樂而論，人所享有的並不比畜牲優越多少，除非他的神經系統具有更高的可能性，足以使他對各種快樂更為敏感。但須注意，它對痛苦的敏感程度也會隨之提高。

人一到這個世界就肩負著原罪的重壓，並且正是由於我們必須隨時救贖我們的罪過，才使得我們的生存是如此悲慘，唯有死亡才是我們苦難的終結。

沉重的人世的罪孽導致了沉重的人世的痛苦，這是一個最明顯不過的真諦。對我們的生存最恰當的解釋莫過於：人生只是某些失誤和罪孽的結果，為此，我們正遭受著報應。

倘若你堅信這個真諦，你就會根據這種真諦來調整你對未來的祈望，就不會再把人世間大大小小令人不快的事情，如人的痛苦、憂慮和苦難等，看成不正常或不規則的了，而且你還會發現一切事情將以原本的樣子呈現於世上，在那裡，我們每個人都以他自己的獨特方式來贖回他生存的罪孽。

寬恕芸芸眾生吧！不論那些愚拙透頂的凡夫俗子有著什麼樣的缺憾和邪惡，我們都得容忍。我們要時刻銘記，當某些謬誤在其他人身上出現時，同樣也是我們所具有的愚拙和邪惡，因為它們是我們同屬的那個人類的缺憾。我們每一個人都要承擔人類的罪孽所加於我們的重負。是的，我們現在對那些極為荒謬之事是如此憤慨萬分，僅是因為它們尚未在我們自己身上發生。它們是這樣一些謬誤，即不僅位於表面，而且也深深地扎根於我們本性的深層結構之中，一旦有某種東西觸動並引發它們，此種劣根性就將被喚醒並表現出來，正如出現在我們在他人身上看到的一般無二。

的確，一個人或許有他的同伴所沒有的錯誤，然而不可否認，惡劣品性的總量在某些情況下是巨大的，因為人與人之間個體的差別超越了一切評判的尺度。

事實上，堅信世界和人類最好是從不曾存在過的東西，會在我們心頭充滿一種人與人之間相互體諒、共同寬恕的情感。進而從此種觀念出發，我們或許會較好地考慮對人稱謂的恰當方式，即不是「先生」，而是「我苦難的同胞」！這聽起來似乎令人驚異，但是與事實是吻合的。它能使其他人了悟人生，隨時提醒我們留意那些人生中的警世恆言——容忍、寬恕、互敬、愛鄰人，每個人都需要別人幫助，因而每個人都要對他的同伴感恩圖報。

▌生存的虛無

按語：

生命得以存在的全部基礎便是轉瞬即逝的現在。它以永恆運動的形式存在於人類生存的本質之中。生存意志最完善的呈現，便是人的生命及其精巧而複雜的機器運轉，必然會化為灰燼，並使它自身及其全部追尋歸於消亡。

這種虛無在事物存在的全部方式中將自己表現得淋漓盡致，它既表現在時間和空間的無限本質之中，也相對表現在個體存在的有限本質之中。既表現在僅作為實際生存方式的稍縱即逝的當下瞬間之中，也表現在萬事萬物的相互依存和關聯之中，更表現在人的無止希冀和永不知足的欲念之中，甚至還表現在形成人的生命歷史的長期鬥爭之中，這些鬥爭展示了人類的全部努力都得到了種種困難的嚴峻考驗，在沒能克服它們之前，人類是不會善罷干休的。時間猶如吞沒一切的深淵，在它裡面一切都消逝得了無痕跡。時間具有這樣一種魔力，在任何瞬間，我們所掌握的一切東西都會化為虛無，並失去它們所具有的任何真正的價值。

我們生活中能夠訴說的每件事，唯有瞬間才是現在的，然後便成為過去。每當日落西山，逝去的一天總使我們感到百無聊賴。探究短暫的人生為何轉瞬即逝，或許會使我們變得瘋狂顛迷。倘若我們不是生活在最深層的底蘊，隱祕地發現其永恆的源泉是可耗盡的，那麼，我們就總是希冀於其中再次獲得生命。

我們的生命得以存在的全部基礎便是轉瞬即逝的生存。它以永恆運動的形式存在於人類生存的本質之中，並且，使我們永遠無法得到一直在力爭獲取的片刻安寧。運動是生存的標誌。

在這個世界上，一切都是瞬息變幻的，令人難以忍受的，一切都被捲入一個急速變化的漩渦之中。一個人無論他曾是幸福的，抑或悲慘的，僅此而已，因為他的生命也只是當下瞬間，並不斷地消逝著。

人生的場景如同粗陋的鑲嵌畫，近看，在這上面幾乎沒有什麼美妙可言，唯一的辦法是離開一定的距離，你才能看到美麗所在。因此，得到我們渴求

的東西只不過發現它原來是虛無，並且，儘管我們總是生活在對美好事物的憧憬中，同時，我們也常常悔恨並期待歷史的重演。我們把現存視為某種不得不忍受的東西和達到目的的手段。因此，多數人走到人生的盡頭，回首往事時，發現自己始終是暫時而生的。他們目瞪口呆地發現，他們曾漠視和錯過的東西恰恰是他們畢生所期待的。然而，沒有幾個人願意承認正是希望造成了他荒謬的一生，直到他死！

而且，人是貪婪的生物！他所得到的每一次滿足都促使他去追逐另一新的欲望，因此，人的意志、願望無止境。為何如此？真正的答案即是意志就其本質而言是全部世界的主宰：一切均從屬於它。因此，任何單個的事物都無法使它滿足，除了整個世界，而這是永無止境的。儘管如此，它還是激起了我們的惻隱之心，去思考當意志表現為個體時，它實際獲取的東西是多麼微少，常常僅是以維持肉體的統一。這便是人何以如此悲慘的原因。

生活主要表現為生存，即維持生命。如果這一目的達到了，生活便成為一種負累，於是隨之而來的第二項任務便是以已經獲取的生存條件來驅趕厭煩之情。第一項任務是獲取東西，第二項任務則是消除滿足感。若非如此，生活就會成為負累。

人生必定是某種錯誤。假若我們僅記住人是一種其需求和必要均難以滿足的複合物，這個趨趄是顯而易見的。即使他得到滿足，他所得到的一切只不過是一種無痛苦的狀態。在此種狀態中，除了厭煩之情的摒棄，他別無所獲，這恰好證明了生存就其本質而言是毫無價值的。因為，若非生活的空虛，還有什麼稱得上是厭煩之情呢？假如生活——對生活的渴望正是我們生命的本質——具有任何實際的內在價值，那麼，也就無所謂厭煩之類的東西了；僅生存就使我們自身得以滿足，我們將別無他求。然而，事實上，我們並沒有自生存中獲得快樂，除非我們在為某物鬥爭時才能略感歡愉。當我們看到困難被克服時，似乎總能心滿意足，然而，這只是一種幻覺，當我們達到它時，它便消失了。或者，當我們沉浸於某種純理智興趣時，當我們事實上走在生活的前面，從外面來觀察它時，我們的神形像極了欣賞戲劇的觀眾。甚至感覺的愉悅本身也意味著鬥爭和渴望，結束的時刻正是目的達到的時刻。

不管什麼時候，只要我們一心地依賴生存本身時，它的空虛和本質的無價值便會清晰地呈現在我們面前。這就是厭煩的真正含義。

生存意志最完美的展現，便是人的生命及其精巧而複雜的機器的運轉，必然會化為灰燼，並使它自身及其全部追尋歸於消亡——這是自然女神指明的途徑，她宣稱這種意志的全部鬥爭就其本質而言是無益的。假使生命本身隱含了某種價值，或者某種無條件的絕對的東西，那麼，它不可能在純粹虛無中如此終結。

假使我們不把世界視為一個整體，尤其是不把人們的世代相續看作他們短暫的虛假生存，爾後便轉瞬已逝的短暫時刻。倘若我們轉而觀察生活的細節，那麼，以喜劇形式呈現的生活又是何等荒謬！就像是顯微鏡下一滴布滿纖毛蟲的水珠，抑或像是一塊爬滿肉眼看不見蛆蟲的奶酪。當人們在如此狹小的空間或為生活而奔忙，或為爭奪而格鬥時，他們該怎樣開懷大笑！無論是在顯微鏡下還是在短暫的人生裡，這種可怕的活動往往產生一種喜劇的效果。

只有在顯微鏡下，我們的生活才顯得如此巨大。生活只是一個微小的點，但在時間和空間強大威力的鏡片下被拉長、擴大。

一切的努力和欲望皆為迷誤

按語：

老年與經驗攜手並進，引導他走向死亡。那對他所覺悟的是：這一生的最大錯誤，便是徒然花費如此長久、如此辛勞的努力，一味地追逐幸福和快樂。

在無意識的夜晚，一個被生命所覺醒的意志，化成個體，它從廣袤無垠的世界中，從無數正在努力、煩惱、迷惑的個體間，找出它自己，然後又像做了一場噩夢一般，迅即回歸以前的無意識中——但，在未走到那裡之前，它有無限的願望，無盡的要求，一個願望剛獲得滿足，又產生新的願望。即使賜予它們世上可能有的滿足，也不足以平息他的欲望、壓抑他的需求，滿

足它內心的深淵。並且，試想即使能獲得所有種類的滿足，那又會對人生造成什麼影響呢？不外乎仍是整日操勞地維持生計，仍不斷地辛苦、不斷地憂慮、不斷地與窮困搏鬥，而死亡隨時在前頭等待他。倘若我們能明確瞭解幸福原是一種迷妄，最後終歸一場空，這樣來觀察人生萬事，才能分明，其道理存在於事物最深的本質中，大多數人的生命之所以悲慘而短暫，即是因為不明白這個道理。

倘若你用心觀察、思考你的一生，便會發現，人生所呈現的實際上是或大或小從無間斷地欺騙，一個願望遙遙向我們招手，我們便鍥而不捨地追求或等待，但在獲取之後立刻又被奪去。「距離」實是一種錯覺，我們被它欺騙後便告消失。因此，所謂幸福，通常不是在外來，便是業已過去，而「現在」，就像是和風吹拂陽光普照的平原上的一片小黑雲，它的前後左右都是光輝燦爛，唯獨這片雲中是一團陰影。所以「現在」通常是不滿，「未來」是未可預卜，「過去」則已無可挽回，人生中的每年、每月、每週、每日、每時都是或大或小形形色色的災難，他的希望常遭悖逆，他的計畫時遇頓挫，這樣的人生，分明已樹起使人厭憎的標記，何以大家竟會把這些事情看錯，而認定人生是值得感謝和快樂，人類是幸福的存在呢？實在令人莫名其妙。我們應從人生的普通狀態——連續的迷妄和覺醒的交迭，而產生一種信念：一切的努力和爭取、一切的財寶都是空無，這個世界終必歸於破滅，而人生實是一宗得不償失的交易。

個體的智慧如何能夠知悉和理解意志所有的客體都是空虛的？答案首先在於時間，由於時間的形式，呈現出事物的變異無常，而顯出它們的空虛。換句話說，就是由於「時間的形式」，把一切的享樂或歡喜在我們手中歸於空無後，使我們驚訝地尋找它到底遁歸何處。所以說，空虛，實是時間之流中唯一的客觀存在，它在事物的本質中與時間相配合，而表現於其中，唯其如此，所以時間是我們一切直觀先天的必然形式，一切的物質以及我們本身都非在這裡表現不可。因之，我們的生命就像是金錢的支付，受款之餘，還得發出一張收據。就這樣，每天領著金錢，開出的收據就是死亡。由於在時間中所表現的一切生物的毀滅，因而使我們瞭解到那是自然對於它們的價值宣告。

如此，一切生命必然匆匆走向老邁和死亡，這是自然對於求生意志的努力終必歸於烏有的宣告：「你們的欲求，就是以如此做終結。再企盼更好的東西吧！」它是在對生命提出如下的教訓：我們都是受到願望之對象的欺矇，它們通常先動盪不定，然後趨於破滅，最後，連它的立腳處也被摧毀無餘，所以，它帶給我們的痛苦遠多於歡樂。同時，由於生命本身的毀滅，也將使人獲得一個結論：一切的努力和欲望，皆為迷誤。

▌幸福如同夢幻，痛苦才是現實

按語：

蒼蠅是為充當蜘蛛的食餌而生存，人類則是為被煩惱吞噬而生存。

我們所有的滿足——即一切的享樂或幸福，都是消極的；反之，只有痛苦才是積極的。

我們只有正視痛苦、憂慮、恐懼，才有所感覺；反之，當你平安無事、無病無災時，則毫無所覺，如飢之求食、渴之求飲一般迫切，但願望滿足後，則又像吞下一片食物的瞬間一樣，彷彿知覺已停止。

在我們沒有享受或歡樂時，我們總是經常痛苦地想念它。同時，在痛苦持續一段長時間、實際上已經消失，而我們不能直接感觸到它後，我們卻仍是故意借反省去回憶它。這是因為唯有痛苦才有積極性的感覺，因為它能自動呈現。反之，幸福只不過是消極的東西，如健康、青春和自由可以說是人生的三大財寶，但當我們擁有它時卻毫無所覺，一旦喪失後，才意識到它的可貴，其中道理正在於此，因為它們是消極性的東西。

總之，所有人都是在不幸的日子降臨，取代往日的生活後，才體會到過去的幸福——享樂越增，相對地對它的感覺性就越減低，天長地久後，便不覺自己身在福中。反之，對痛苦的感受性卻越為增加。因為原有的習慣一消失，便特別容易感覺痛苦。如此，所擁有的越多，越增加對痛苦的感受力。——當我們身處快樂中，便覺時間過得飛快，當你置身痛苦中時，則覺

得度日如年，這也正可證明能使我們感覺它存在的積極性東西，是痛苦而非享樂。

　　同樣的道理，只有在我們百無聊賴時，才會意識到時間，在趣味盎然時則會視若無睹。由此可見，我們生存的所謂幸福，是指一般我們所未感覺到的事情，最不能感覺到的事情，也就是最幸福的事情。最令人興奮的大喜悅，常持續在飽嘗最大的痛苦之後。相反地，倘若滿足的時間持續太長，所帶來的卻是如何排遣或如何滿足其他虛榮心等的問題。所以，詩人不得不將他們筆下的主角先安排個痛苦不安的境遇，然後再使它們從困境擺脫出來。因之，通常的戲劇或敘事詩，大都是描寫人類的戰爭、煩惱和痛苦；至於小說，則是透視不安的人類心靈的痙攣或動搖的鏡子。司各特在他小說《老人》一書的結尾中，曾坦率地指出這種美學上的必然性。得天獨厚的伏爾泰亦云：「幸福不過如同夢幻，痛苦才是現實的。」

你叔本華系的？跟著叔本華看海海人生

第三章 處世之道

54

第三章 處世之道

人生快樂的兩大仇敵是痛苦和煩悶。事實上，人生的過程似乎就是在這兩者之間的劇烈擺動。

人生是否能幸福快樂和內心能否平靜安謐，取決於你所持有的態度，以及你應對人生各種不幸和苦難的方法。

▌通盤觀察自我

按語：

倘若一個人一生中具有某種價值的或重要的東西，假如他為某次具體工作勞神、傷身，那麼，不時將注意力轉向其生活或工作的規劃——亦即它的一般輪廓縮影，不僅非常必要，且更為適宜。

建造房子的工匠可能對所造房子的總體規畫一無所知，或者，至少他不會時刻考慮到它。對於一個人來說也是如此：在其一生中，他很少將生命作為一個整體來考慮其特徵。

假使一個人一生中有某種有價值的或重要的東西，假如他為某次具體工作勞神、傷身，那麼，不時將注意力轉向其生活或工作的規畫——亦即它的一般輪廓縮影，不僅更為必要，而且也更為適宜。毫無疑問，要做到這一點，他必須要運用「認識你自己」的格言，必須對自身的技藝非常瞭解。他必須明白，在他生活中最主要的是什麼，排在第二、第三的又是什麼。他必須明白，從總體來說，他的天職是什麼，應盡什麼責任，以及他和世界有什麼關係。倘若他為自己的重大工作做了大致的規畫，那麼，只要對其生活藍圖瞥上一眼，就能激勵他，使他變得高尚和圓滿，使他不要誤入歧途。

一位登高的旅遊者，只有到達到頂峰，方能看到一個通盤的概觀。同樣地，只有當我們走完人生旅途中的某個階段時，方能認清我們全部行為之間的真實聯繫——即我們做了什麼，並得到了什麼。到那時，才能明白精確的因果鏈條和我們一切努力的價值所在。因為，只要我們事實上沉湎於日常生

活的瑣事，就會自始至終受著自然規律的制約，無時無刻不在進行我們認為是正當的行業。

當我們在進行某項偉大事業或創造某件不朽作品時，並沒有意識到這件事的本身。我們所考慮的僅僅是完成計畫，達到眼前的目的。只有當我們最終把人生視為一個聯繫著的整體時，我們的品行和能力才能展示其真實面貌。

現在才是實在的

按語：

一個人，不應該因牽掛未來而焦慮企盼，也不該在對往事的反悔惋惜中無法自拔，而該隨時提醒自己，唯有現在才是實在確定的，未來總是無一例外地使我們的希望落空，過去也常和我們曾預料的相去甚遠。應牢記，無論是未來還是過去，都和我們想像的不同，且不及我們的想像。

理智行為的另一個重要因素就是在現在與將來之間找到平衡點，以免由於過多的關注其中之一而損害另一個。有一些人僅僅生活於現在，也有一些人總沉湎於未來，總是愁思滿腹，憂心忡忡。很少有人能在這兩點之間保持平衡，那些寄希望於未來，為之奮鬥並僅僅生活於未來的人，他們始終急急忙忙，緊追不捨。那事物總是恰好在他們的前面，而他們則一直試圖得到它。此種人就其整體存在而言，他們置身於一種恆久虛幻的情景之中，始終不斷地生活於一種短暫的臨時狀態，直到最終走完其人生的旅途。

所以，我們既不該因牽掛未來而焦慮企盼，也不該在對往事的反悔惋惜中無法自拔，而應該隨時提醒自己，唯有現在才是實在的、確定的，未來總是無一例外地使我們的希望落空，過去也常和我們曾預料的相去甚遠。總之，無論是未來還是過去都和我們想像的不同，且不及我們所想像的。

假如我們對過去希望的落空愁眉不展，對未來的前景又焦躁不安，我們將無法達到真正的快樂。為陳年往事懊惱，為未來憂心忡忡，而妨礙了眼前的幸福，那是最愚蠢的。當然，人一生中總有深謀遠慮和抱憾終生的時候，但是，往事一旦成為歷史，我們就應該與它道別。至於未來，我們只能認為

它超乎人為，唯有神知之，至於現在，則讓我們記住，愉快地度過每一天，我們的全部生命彷彿就在這每一天中：「讓我們盡可能愉快地迎接它，這是我們唯一真實的時刻。」

只有那些必然在某個不確定的時刻降臨於我們的不幸才會侵擾我們，然而，能夠對此做出圓滿說明的人又寥若晨星。因為不幸或災難有兩種類型：或者僅僅是一種可能，哪怕是極大的可能；或者是不可避免的。即使那些不可避免的災難，其發生的具體時間也是不確定的。一個人倘若總是處於一種戒備狀態，那麼，他便永無安寧之時。所以，如果我們並不因為對災難——其中有的本身就是不確定的，有的將在某個時刻發生——的恐懼而放棄生活中的全部樂趣，我們就應該把它們視為絕無可能發生的災難，或是把它們看作不會很快發生的災難。

一個人唯有當他拋棄了一切虛偽自負，並且求之於沒有矯飾的赤裸裸存在時，方可達到心靈的寧靜，而這種心靈的寧靜正是人類幸福的根基。心靈的寧靜！那是任何片刻享樂的本質；並且，人生之樂稍縱即逝，須抓住當下的分秒片刻。我們應當不停地提醒自己：今日僅有一次，且一去不返。我們總認為它明日還會再來，然而，接踵而至的明日已是新的一天，並且，它也是一去不復返的，因此也是生命中不可替代的一個部分。若習慣於將生命看作恰似一束觀念或名稱——這些都是無法體驗的——假若如此，包容個體於自身之中的生命便會遭到破壞。

在那些幸福而充滿生機的美好日子裡，我們應當盡情地欣賞和享受，即使在悲苦憂愁的時候，我們也應當盡情地欣賞和享受；我們也應當回想那過去的寸寸光陰——在我們的記憶中，它們似乎遠離痛苦和哀傷——是那樣地令人妒羨。往昔猶如失卻的伊甸園，只有在此時，我們才能真切地體會到它們是我們的朋友。然而，我們歡度幸福的時刻並不珍惜它，只是當災難逼近我們時才希望它們歸來。無數歡快和愉悅的時光都消磨在無聊事務之中。我們常因種種不愉快的瑣事而錯過這些愉快的時刻，一旦不幸降臨，卻又為之徒然空嘆。

那些當下時刻——即使它們決非平凡普通——往往被漫不經心地打發過去，甚至急不可耐地置之一旁，而它們正是我們應當引以為自豪的時刻。人們從未想到流逝的時光不斷使當下變為過去——在那裡，記憶使之理想化，並閃爍著永恆的光芒。後來，當我們處於窘境之時，面紗才被揭去，而我們則為之抱憾終生。

幸福有限

按語：

幸福是有限的，這與我們的視野、工作範圍、與世界的觀點協調相稱，且受其制約和界定。幸福有限的另一個因素便是隨著年華的流逝，視野不斷地擴展，便有了更多的操勞和憂煩，進而人的後半世要比前世更為淒涼冷寂。

幸福是有限的，與我們的視野、工作範圍、與世界的觀點協調相稱，並受其制約和界定。這些限定的範圍越廣，我們的擔憂和焦慮越甚，因為這意味著我們的煩惱、欲望和恐懼不斷增長和強化。這便是愚昧無知者並非如我們想像的那樣不幸的原因。

幸福之所以有限的另一個原因，是人的後半世要比其前半世更為淒涼冷寂，隨著年華的流逝，我們的視野不斷地擴展，我們與世界的觸點繼續延伸。童年時代，我們的視界圍於周圍狹小的範圍；青年時代，便有了引人注目的拓展，到了中年，我們的視野已包含我們活動的所有範圍，甚至伸向遙遠的界域——例如，對國家或民族大事的操勞憂煩；而人至老年，還包括對子孫後裔的牽掛。

即使在理智活動中，我們對幸福的追求也必然是有限的。因為，意志越不易激動，我們遭受的痛苦也就越少。誰都知道，痛苦是一種肯定的東西，而幸福則是一種否定的狀態。對外部活動範圍的限定是為了突出意志的內驅作用，而對理智慧力的限定則突出了意志作為內驅動源泉的作用。這後一種限定常常會遇到麻煩，即它為哪些令人厭惡的事物敞開方便之門，為了擺脫這些煩擾，一個人將利用種種便利的方法——如閒蕩、社交、揮霍、娛樂、

飲酒等等，這類方法將導致災難、墮落和不幸。一個人倘若無所事事，則很難保持其心靈的寧靜。那種對外部活動範圍的限制有助於幸福的獲得，甚至可以說是人類幸福的必然條件。人們或許留意到一個事實；描寫人們的生活幸福，心境安寧的詩——那種純樸宜人的田園詩——所表達的常常是在單純狹小的生活環境中的人，而這一點恰是田園詩意境中的本質核心。同時，它也是一種情感，即我們在欣賞所謂風俗畫時所體驗到的那種愉悅的本質。

因此，生活方式的簡陋質樸乃至單一不變，若不能使我們感到厭煩乏味，那麼，還是有益於幸福的。

腦力工作是獲取幸福的源泉

按語：

純粹的腦力工作遠比其他形式的生活實踐能享受到更多的幸福，因為這是精神自身能力的發揮。而生活實踐往往陷入於成功與失敗的無休止更迭，以及由此產生不安和痛苦的折磨。

一個人是幸福還是痛苦的，取決於他傾注全力的是什麼事物。在這方面，純粹的腦力工作——這是精神、自身能力的發揮——一般來說，要比其他任何形式的生活實踐享受到更多的幸福，因後者往往陷入於成功與失敗的無休止更迭，以及由此產生不安和痛苦的折磨。

需要指出的是，從事這種腦力工作必須具備傑出的理智慧力。有必要對此做出進一步的解釋，一個人倘若致力外部世界的活力，將會分散他的注意力，使人無法專心從事理智研究，而且還將使他失卻心靈的寧靜，而此種心靈的寧靜正是腦力工作所必需的。另一方面，長期地純理智思索也將使他難以適應現實生活的喧囂嘈雜。因此，假如環境允許的話，這就是說，如果某些世俗事務無須較高的理智慧力的話，使腦力工作暫停片刻也是適宜可取的。

▌不斷自我反思

按語：

將人生的以往看成教科書，且不斷地對它進行反思、評判，這樣將獲益匪淺。事實上，只要不斷地進行反省並從中汲取知識，結果定會是收穫頗豐。

為使我們的生活更富理智，更細緻周密，並且，也為了從生活中汲取更豐富的經驗，我們應不斷地自我反思，即對我們所做的事、所留印象和情感進行概括，然後，與我們現在的判斷加以對比。這種反思，可以說是對個人生活經驗的一種生動再現，而這種經驗將有益於我們每一個人。

對人生的經驗可以被視為是一本教科書，透過對它的反思、評判，我們將獲益不淺。只要不斷地進行反省並從中汲取知識，那麼，結果定將是收穫頗豐。如果僅有經驗而不對它進行反省，也得不到有益的知識。

在此，我要提出一個忠告——那就是——最好每晚入睡前反省你白天所做的一切。倘若一個人終日處於工作與音樂的嘈雜紛亂中昏昏庸庸地度日，他的情感就是混沌模糊的，他的思想則是紊亂無序的，並且，他的談話也多顛三倒四，支離破碎，全然一副裝腔作勢的樣子。一個人的生活若忙忙碌碌，那麼，他將不得不面對這種命運，他的頭腦裡充塞著各式各樣的印象，已無力再進行理智的判斷活動。

關於這一點，仔細觀察是非常適宜的。即那些曾經影響過我們的事件和境況隨著時間的推移而逐漸隱沒於心境和情緒中，但是，我們能夠想起我們曾做這些事情和境況所說的話與所做的事，於是，它們原來只是形式，卻成了表達或評判這些事件的結果。因此，我們當注意在人世的重要關頭保持思想的記憶。由此看來，堅持寫日記是有好處的。

幸福意味著自我滿足

按語：

社會恰如一團熊熊烈火——聰明人因與之保持適當的距離而得以取暖，傻瓜若不是因靠得太近而被灼傷，便是抱怨火的灼燙而逃逸，以致於孤零零地忍受嚴寒的煎熬。

自給自足，自己就是一切，無所欲求，才能說：「余只占有自身之一切。」毫無疑問地，這就是幸福最主要的本質。所以，我們無須過多地告訴自己：「幸福意味著自我滿足。」商福特那也說：「幸福決非輕易獲得的東西，在別處不可能找到它，只有在我們自身中才能發現它。」

然而，當一個人確信除了他自身以外不能再依靠他人時，生活的重負和不利的處境、危險和煩惱——這些全部產生在與他人的交往中——就不僅是難以數計，且是不可避免的。

追名逐利、生活奢侈，所有這些都是通往幸福之路的障礙，雖然它能讓我們享受到種種樂趣、愉悅的歡快，能改變我們悲慘的生活，但這也同樣是一個危險的過程——一個不可能不導致失望和幻想的過程，在這方面，不斷變幻的謊言同樣是無法避免的附屬物。

一個人唯有當他獨自一人時，他才是自己，假使他不喜歡獨處，那麼，他定不熱愛自由。因為只有他孤獨無依時，他才真正是自由的。一個人的獨立性越強，越難成為與他人交往關係的犧牲品。對於獨居，是歡迎、忍耐還是逃避，要依據一個人價值的大小來決定——當獨自一人時，可憐人體驗到的全是不幸，而聰明人喜歡的卻是獨居的高尚偉大；簡言之，每個人都將成為他自己。

一個人不可能與除他自身外的任何人——甚至包括他的朋友或伴侶——完全相同。個性差異、氣質迥然常常或多或少會引起不和——儘管這種不和可能微不足道。思想的平靜、靈魂深處的安寧以及身體的健康，所有這一切世間能給予的最大幸福，只有在獨居中才能獲得，而這種平靜和安寧作為一種持恆的心境，唯有身處絕對幽靜之處方可達到。

直截了當地說，無論友誼、愛情、婚姻的聯繫多麼牢固，一個人最終關照的只有他自己的福利，至多還有他的兒女。一般來說，你與他人的關係越密切——無論這種關係是工作關係還是私人友情——你的生活就越糟糕。孤獨和寂寞確實有其不利之處，但是，倘若你不能突然感受到孤獨的不利，至少你能發現這種不利的存在。在這方面，社會是狡猾的，它能使你與他人的交往看起來是一種令人愉快的消遣，它所造成的危害是巨大的，且常難以彌補。因此，應當讓年輕人從小接受獨處的訓練，因為這是通往幸福和心靈寧靜的必要之路。

　　一個品行高尚的人，其主要標誌是他並不從與他人的交往中得到快樂。他越來越寧願獨處，並且隨著時間的流逝，最終認識到一邊是孤獨，另一邊是粗俗，除此之外別無選擇。安吉利斯・賽勒修斯——一位充滿高貴而摯愛的基督教徒情感的人，也不得不承認其真實性。他說：「無論孤獨如何令人痛苦，也要小心，不要變得粗俗。因為，無論你在何處，都能找到一片荒漠。」

　　生活總是無法盡如人意，正如賀拉斯所說：「幸福並不意味著事事如意。」有一句印第安諺語說：「沒有不長苔的蓮花。」

　　雖然你不是一個能經受得起長期獨處考驗的人，但當你發現社會無法盡如人意，感到自己遁入孤獨更為恰當時——這種情況可能發生在你年輕的時候，那麼我奉勸你養成在社會交往中保持某種孤獨的習慣，亦即學會在人群中保持一定程度的孤傲。另一方面，不要拘泥於別人所說的話，也不要立刻和盤托出自己的思想，並且，不要對他人有過高期望——不管是道德上的，還是才智上的，應強調自己與別人意見的差異，這是一條實行一種值得讚許的寬容的最佳途徑。

　　假如你這樣做了，你就不會與他人有過於密切的聯繫和交往，卻又顯得似乎生活在他們中間。你與他們的關係將會有一種純粹客觀的特徵。這種預防措施將使你與社會保持適當的距離，並可使你因此而避免遭受其浸汙和傷害。就此而言，社會恰如一團熊熊烈火——聰明人因與之保持適當的距離而得以取暖，傻瓜若不是因靠得太近而被灼傷，便是抱怨火的灼燙而逃逸，以致於孤零零地忍受嚴寒的煎熬。

遠離妒忌

按語：

拿自己的命運與別人的幸運相比，是一種自我折磨，若能避免此種苦行，我們便將滿意自己所擁有的一切。

我們應牢記：沒有什麼像因妒忌而引起的仇恨那樣難以和解。因此，我們當小心翼翼，避免遭人忌恨。

妒忌是人的天性，它可以很快變成一種邪惡，並導致不幸和痛苦。我們應當把它當作幸福生活的大敵，壓抑制止任何惡念，像熄滅中燒的爐火一樣。塞內卡說：「拿自己的命運與別人的幸運相比，是一種自我折磨，若能避免此種苦行，我們將會滿意自己所擁有的一切。」事實上，當真正的災難降臨於我們時，最見效的安慰——恰恰是想到了還有比我們遭遇更不幸的人；其次，是想到世界上那些與我們處於相同命運的人——他們分擔了我們的不幸和災難。

至於妒忌，我們可以認為是針對別人的。如果我們遭到別人的妒忌，我們應當永遠記住：沒有哪一種仇恨會像因妒忌而引起的仇恨那樣難以和解。因此，我們應該小心謹慎，避免遭人忌恨。並且，正如其它許多形式的不幸一樣，由於後果的嚴重性，我們也絕不要玩弄可惡的妒忌之火。

有三種類型的貴族：

（1）出身和地位上的貴族；

（2）財產上的貴族；

（3）精神上的貴族。

其中真正最高貴的是第三種，人們最終將會認識到它榮居首位的資格。弗雷德里克大帝曾對其內侍說：「精神上的出類拔萃是至高無上的。」

以上三種類型的貴族都置身於妒忌豔羨的人群之中。不論你屬於哪一種類型，都將遭到他們隱密仇恨的攻擊。除非由於恐懼的威懾，否則，他們就

總是擔心你明白你比他們優越而焦慮不安，這種不安使他們對現實存在的人們的妒忌心理暴露無遺，正是這一點，使你認清了他們的面孔。

倘若遭人忌妒，你就應當與心懷妒意的人保持一定距離，並且，盡一切可能不要與之發生聯繫。這樣，在你與他們之間便形成一條難以踰越的鴻溝。這一點若做不到，那麼，就泰然自若地迎戰他們的攻擊。在後一種情況下，以其人之道還治其人之身是最好的辦法。一般來說，人們都是這麼做的。

上述三種貴族之間通常是彼此相安，和諧共處的，他們之間不存在妒忌，原因在於他們各自的優越性會導致一種均衡。

堅持到底，做出成績

按語：

欲騎須仔細備鞍，上馬則勇往直前。意外總會發生，突然發生的意外，往往會使你精心謀劃的計畫落空。因此，我們無須在重要問題上做一些徒勞無益的事——勿擾亂寧靜。然而，一旦做出決定並開始了行動，則須堅持到底，做出成績。

在你意欲將一個計畫付諸實施前，需要經過周密而審慎的考慮；並且，即使你經過深思熟慮，人類本身的不完美也會形成種種侷限。因為意外總會發生，突然發生的意外，往往會使你精心謀劃的計畫落空。因此，我們不要在重要問題上做一些徒勞無益的事——勿擾亂寧靜。然而，一旦做出決定並開始了行動，就必須堅持到底，做出成績。不要讓新的想法干擾已經做出的決定，也不要對可能遇到的危險顧慮重重，而要讓你的思想完全擺脫這些問題，不再去深究它們。要相信你已經適當地對這些問題做出了慎重的考慮。有一句義大利格言提出了同樣的忠告：「欲騎須仔細備鞍，上馬則勇往直前。」

倘若你不幸失敗，那也因為人類本身就是充滿僥倖和失誤的遊戲。連蘇格拉底這位最偉大的智者也需要守護神的忠告，以便在有關他自己的個人事務中正確行事，或者，至少不要犯錯誤。這證明人類理智不能完全勝任它所承當的重擔。有一種說法認為，當不幸和災難降臨於我們時，至少在一定程

度上，應由我們自己負責。如果說，並非絕對每次都是如此，那也肯定絕大部分情況下都是如此，看起來，這好像與人們為逃避不幸而竭盡全力的努力有很大關係，由於他們唯恐自己所遭遇的不幸會暴露他們應承擔的責任，他們總是對面臨的災難抱著樂觀的態度。

▌勇於面對過錯

按語：

過錯一旦鑄成，你便無法改變，因而無須埋怨、哀嘆，更不要去想也許用各式各樣的方法或許就能避免它；因為這樣反省只能徒增自己的痛苦而使之無法忍受，你應當在過錯還沒發生之前考慮該如何去避免這種輕率或錯誤，這才是有益的。

災難已經發生，因而無法改變，因此你不應再悔不當初，更不應該想用各式各樣的方法或許就能避免它；因為這樣反省只會徒增自己的痛苦而使之無法忍受，這樣，你將成為一個自我折磨者。

如果災難降臨時我們無法保持無憂無慮，那麼，就只能求安慰於宿命論了。我們將清楚地明白所發生的一切都是必然的結果，因而是無法避免的。

無論這一忠告多麼真實可靠，它也是片面的，不完整的。當你靈魂得到解脫，獲得片刻安寧時，這一忠告的作用無疑是巨大的。然而，倘若你的不幸來自於你自己的輕率或愚昧時，或部分是由於你的錯誤所導致時，考慮如何去避免這種輕率或錯誤則是有益的。儘管這是個敏感問題，但經常反省思考將會使我們今後變得更加聰明、更加完美。倘若我們發現了錯誤，就不應該與文過飾非，或託辭辯解；而應當承認我們犯了錯誤，認清這些錯誤所導致的一切惡果，以便今後杜絕此類錯誤的重犯。

抑制想像

按語：

對想像的抑制，能阻止我們揚起記憶的風帆，駛向那令人痛苦的往昔，或沖淡我們曾經蒙受的傷害，不公正、侮辱、蔑視和煩惱等損失。一個人，對那些令人不快的事以漠然置之的態度處理，比一味地沉湎對所處困境的鬱悶焦慮的考慮要明智得多，也唯有如此，我們才能在困難面前應付自如。

在所有關於我們幸福與痛苦的事物中，我們應當注意的是不要受幻想的驅使去建構那虛無飄渺的空中樓閣。首先，其代價是昂貴的，因為我們不得不立即推倒它們，由此便會導致種種痛苦和悲哀。我們還應提防不要在想像那種子虛烏有的災難時傷心難過。如果這是些純屬虛構的或者可能性極小的災難，我們應當立即從夢中清醒，認識到事情的全部只是一種幻覺。我們應更加熱愛現實生活而不是虛假的夢幻，幻象頂多只能告誡自己還存在著發生不幸的可能性——儘管這種可能性極其微小。無論如何，這些並不是想像力所鍾愛的玩物，而只是我們在百無聊賴之際構思的空中樓閣，並總是呈現出一幅令人愉悅的畫面。

那種可能產生可怕夢魘的事物才真正是在一定範圍內威脅我們的災難；想像使我們透過虛幻的紗幕去看待可能發生的災難，從而使它們顯得要比現實中的災難更加嚴重，更加可怕。這是一種奇特的夢幻，它不像那種使人愉快的美夢那樣一醒過來便可使人擺脫。因為，甜美的夢很快就在現實中破滅，至多留下尚在可能之中的一絲淡淡希翼。只要我們沉湎於悲觀沮喪之中，幻覺就不會輕易消失。因為幻覺總是可以被人認識到。但我們常無法估計可能性的精確範圍，因為可能性會輕而易舉地變成可能的事物。於是，我們便自我折磨起來。

因此，我們萬不可杞人憂天，徒傷腦筋，而要沉著冷靜、從容不迫地考慮問題，雖然這個問題並不是具體地與我們有關。我們不應當發揮想像的作用，因為想像不是判斷——它僅能產生幻覺，而這些幻覺往往導致一種無益的，甚至是極端痛苦的心情。

在這裡，我堅持認為尤其應注意的是夜晚。因為黑夜使一切都蒙上了一層紗幕，使人不明就裡。這就是為何在我們入睡之前或處於似睡非睡狀態時，我們的思想常常是這樣混亂，並把事實與夢境相顛倒的原因。此時，如果我們的思想專注於自己的事情，這些事往往顯得極為可怕。但一到早上，所有這些恐怖都像夢幻般消逝殆盡，正如一則西班牙諺語所說的那樣：夜晚是五光十色的，而白晝卻是無色透明的。

但即便在暮靄籠罩的黃昏，就算燃起燭光，思想也如同眼睛那樣，看事物不再如白天那樣清晰。此時，不宜進行嚴肅的沉思，尤其不要思考那些使人不快的問題。應知道，清晨才是沉思的最好時機，因此，也應當竭盡全力，無論是精神上的還是肉體上的。此時，我們感到自己強健有力，各種能力運用自如。因此，要珍惜早晨的寶貴時光，不要貪睡懶覺，不要將它空耗在無益或無聊的事務中。在某種意義上，清晨時光就是生命的本質。我們的一切言談舉止都像是步入垂暮之年，無精打采、嘮嘮叨叨、頭昏眼花，如此等等。每一天都是一次短暫的生命：萬物甦醒，獲得一次新生；每一個清晨都是一次初始，爾後萬物都要靜止安息，睡眠如同　次暫時的死亡。

然而，諸如健康、睡眠、飲食、溫度、環境等條件都純粹是外在條件，一般來說，會對我們的情緒乃至我們的思想產生重要的影響。因此，無論我們對事物的看法還是我們的行為舉止，在很大程度上都受時間和空間的制約。所以，千萬要珍惜愉快的心境，它是多麼難得。關於我們的世界，我們不可能任意形成新的觀念或自由發揮獨創的思維，一切都必須順其自然。關於我們的個人事務也是如此，雖然我們已決定預先考慮並竭盡全力去實現它，但，我們仍未必能夠不失時機地把握它。因為，思緒經常會在沒有任何外在契機的刺激下突然活躍起來。這時，我們可能會以強烈的興趣狂熱地任其在頭腦裡馳騁。在這種情況下，我們往往難以自制。

對想像的抑制，將會阻止我們揚起記憶的風帆，駛向那令人痛苦的往昔，或者沖淡我們曾經蒙受的傷害，不公正、侮辱、蔑視和煩惱等損失。因為這樣，生活將會振奮我們的精神，開始新的生氣勃勃的生活，而那些可惡的情感將被徹底埋葬。一個人，對那些令人不快的事以漠然置之的態度處置，比

起一味地沉湎對所處困境的鬱悶焦慮的考慮中要明智得多，也只有如此，我們才能在困難面前應付自如。

倘使你把一個小物體放在眼前，這樣便會擋住你的視線，使你無法看見這個世界。同樣的道理，離我們最近的人或事——儘管他們微不足道——但通常具有一種虛假的吸引力，可惡地占據了我們的頭腦，使我們無暇顧及那些嚴肅的問題和重要的事情。我們應該抵制這種傾向。

▋珍惜擁有的一切

按語：

人有一個通病，那就是眼裡只有別人的東西，對自己擁有的卻不屑一顧。事實上，這樣的做法愚蠢之極。早就有哲人指出了這一毛病：即擁有時不懂珍惜，失去了才後悔莫及。既然如此，我們應該珍惜自己所擁有的，且要竭盡全力以防失去它們。

人們總是這樣：別人的東西總想得到，自己擁有的卻不懂得珍惜。事實上，有時我們應當以這樣的觀點看待自己的所有物，即我們一旦失去便不可復得，無論它們是什麼：財產、健康、朋友、妻兒或其他我們所愛的人、馬、狗等——通常只有在失去它時才覺得它們於己很重要。倘若所有人都能依我所建議的方式去看待事物，毫無疑問，我們將成為勝利者。我們將因此而獲得愉悅，當然，我們需要謹記：要竭盡全力以防失去它們。

我們常對未來寄予莫大的希冀，預測將來大功告成，並藉此驅散心中的憂鬱和愁悶。這是一個引起我們無限遐想的過程，其中不會幻想錯覺。一旦這些美好的希望被殘酷的現實生活所破滅，我們必然陷入絕望之中。

如果把有可能發生的不幸作為反省的主題，則要有益得多，因為當你這樣做時，你便為自己提供了防範的措施，並且，假如不幸並沒有出現，更是讓人喜出望外。事實上，當我們度過一個令人焦慮的時期後，難道不總是感到一種顯著的精神上的昇華嗎？更進一步說，偶爾考慮一下可怕的災難也是

有益的——這樣，面對小災小難時，我們更容易承受得多。這也是我們回想那從未發生過的災難時聊以自慰的東西。

自制的重要性

按語：

自制極為重要，沒有它，我們就不能以正確的方式對待自己。沒有它，任何形式的生存都不可能。自制是自身力量的展現，透過自制而預防強制是明智之舉。

吸引我們注意力的事物——不管是工作要務還是普通小事——都是形形色色，千姿百態的。如果僅以非固定的次序或關係來看，它們表現為一個反差強烈的混合體，絕無雷同，不僅如此，它們影響我們的方式也是特定的，倘若我們的思想與思想的種種問題協調一致，那麼，在這些思想與思想的問題在我們心中引起的憂慮之間必然存在一種相應的不一致。因此，當我們開始著手某一事情時，第一步就是要將我們的視線從別的事物那裡收回來。這將使我們在第一時間內處理每一件事情，不管我們對這件事是喜歡還是討厭，都不能讓其他雜念對它有所影響。這樣一來，我們的思想就像被分別置入許多抽屜中，我們既可經常打開其中的任何一個，同時又不侵擾其它。

透過這種方式將使我們從沉重的憂思中解脫出來。否則，我們對此事的憂慮將會干擾對彼事的思考，對某一重要事務的關注可能忽略許多偶然發生的無足輕重的小事。對於每一個思想高尚的人來說，最重要的是避免被個人事務和世俗煩惱所糾纏而無法自拔，從而排斥更有價值的事物。因為，那才真正失去了生活的目的。

自制是極為重要的，沒有它，我們就不能以正確方式對待自己。倘若我們考慮到每個人都不得不臣服於他周圍的環境，自制可能就不顯得那麼困難了。並且，缺乏自制，任何形式的生存都是不可能的。進一步說，適當的自制可以預防來自他人的巨大強制；這好比在圓中，靠近圓心的一塊極小的部位與圓周附近的部位相比，差約近百倍。

沒有什麼東西能使我們免受外部力量的制約，正如我們不能沒有自制一樣。塞內卡說，服從理智就是讓萬物從屬於你。自制也是我們自身力量的展現。萬一發生最糟糕的情況，使我們遭受不幸，我們也能緩和、減輕嚴重性。倘若其他人必須用強制手段而無視我們的情感，則他們將會冷酷無情地對待我們。因此，透過自制而預防強制是明智之舉。

▌個人所獲

　　按語：

　　一個人所能得到的僅是他應具有的東西的極少部分，因而要合理地支配你的所得，只有如此才能平和地度過一生之時光。

　　我們必須限定我們的希冀，抑制我們的欲望，緩解我們的憤怒。並要永遠記住，個人所能得到的僅是他應具有的東西的極少部分。

　　另一方面，每個人在其一生中都必然遭受若干次災難的折磨。

　　總之，我們必須忍耐和克制，倘若我們沒有注意到這一點，那麼，健康和能力都無法使我們擺脫痛苦的體驗。這便是賀拉斯提醒我們進行刻苦而細緻的研究、鍥而不捨地追尋寧靜淡泊的生活——而不總是被那些徒勞無益的欲求、恐懼和希望騷擾，畢竟這些都是微不足道的——最佳途徑是什麼的含義，在一切有識之士中，凡能合理支配的人，皆能平和地度過一生之時光，不要總是讓貪欲來煩惱你。

▌生命在於運動

　　按語：

　　想要有所成就，就得學習，就得工作——沒有活動，我們便無法生存。

　　亞里斯多德說：生命在於運動。顯然，他是正確的，從肉體方面看，我們的存在是因為我們的身體是不斷運動的；從理智方面看，我們藉以存在是因連續的占有——無論其形式是實際的活動還是精神的活動。我們常能見到

這樣的情形，當人們無所事事或焦慮不安時喜歡用手指、小棍或其它任何伸手可得的東西敲桌子，這正表明人性的特徵從本質上來說是好動的。我們很快對無所事事感到厭倦，這是令人無法忍受的煩躁，它使我們去調整自己的活動，引入某種方法，從而使自己獲得更大的滿足。活動！想要有所成就，就得學習，就得工作──沒有活動，我們便無法生存！

一個人想要發揮其潛能，如果他能做到，那麼，看看這種活動將會產生何種效果。倘若他能製造或建構某種東西──無論是一本書還是一個籃子──他將獲得最大的滿足。看到一件作品經過自己雙手的勞作，經過漫長的時間最終完成，會使你從中獲得直接的愉悅。

從這一觀點來看，那樣一些人是最幸福的，他們意識到偉大的目的激發創造偉大作品的能力，使他們的生活具有一種高雅的情趣。

在這個世界大舞台上，絕大多數人默默無聞，爾後便永遠消失，只有天才過著一種雙重生活，他們既是演員，又是觀眾。

因此，還是讓每一個人都做些力所能及的事情吧。沒有固定的工作，也沒有確定的活動範圍──這是一件多麼可悲的事情！長期的動盪不安為人造成了極度痛苦，因為缺乏那種被稱為占有的東西迫使他超出了自己正當的活動範圍。

努力吧，與困難進行搏鬥！這就是像老鼠那樣孜孜不倦地奔忙於地下的本性一樣！滿足他的全部欲望，是某種令人難以忍受的事情──持續太久的愉悅往往導致一種停滯感。戰勝困難就是充分體驗生存的快樂，無論我們將在何處碰到障礙，不論在生活中、社交中、工作中還是在精神的勞作──亦即在試圖左右其對象的精神探尋中，勝利永遠會給人帶來快樂。倘若一個人沒有振奮自己的機會，就應當盡可能創造機會，並且，依據他個人的能力和嗜好決定自己是去打獵還是玩撞球，或者受他本性中這種不可懷疑的因素引誘，將與某人發生衝突，或策劃一項陰謀，所有這一切，都是為了結束那令人難以忍受、死氣沉沉的靜止狀態。這一切，正如我所言，當你無所事事時，很難保持悠然閒靜的心情。

▌維護大腦健康

按語：

身體的任何一種損傷——無論是疾病還是機能失調，也無論傷在身體的哪個部位——都會對精神產生影響，進而使大腦受到傷害。

鍛鍊身體使之強健的方法，是在身體狀況良好時，參加大量的勞動——既鍛鍊身體，也鍛鍊身體的各個部位。為了抵制各種病毒的侵襲而養成勞動的習慣。一旦身染疾病——不論是全身，抑或某一器官——其表現形式常常是大相逕庭的，且治療及護理方式也各不相同，效果更是大相逕庭的。因為，疾病沒有固定不變的形式。

大量運動可以強化體力，但神經的過度使用會導致衰竭。因此，一方面，我們可以借一切適合的方法訓練體力；另一方面，又要注意切勿使神經過於疲憊。如不要讓眼睛受強光的刺激，尤其是不要受強烈反光的刺激，不要在黑暗中看東西或者長時間觀察細微精密的物體，不要讓耳朵受巨大聲響的震動。最重要的是不要對大腦施加壓力，或使用過度，或在不適當的時間裡使用。使用一段時間後應休息片刻。

類似的道理，絕不能在進行劇烈的體力鍛鍊時使用大腦，或者在進行劇烈的體力鍛鍊之後立即使用大腦。因為，在這方面，運動神經與感覺神經是一樣的。當肢體受傷時，大腦相對部位的神經便會產生痛感，這是因為肢體的活動依賴大腦的緣故。當然，那些處於無意識工作狀態的肌肉或心臟則非如此。因此，如果在同一時間迫使大腦既進行劇烈的體力訓練，又進行理智思索，或者兩種活動間隔時間太短，那麼，大腦肯定會受到損害。

因此，非常重要的是要讓大腦得到充分休息。這是大腦恢復功能必需的，因為，睡眠對於人來說，如同給鐘上發條一樣。這一適度是直接隨大腦的發育和活動而變化的，超過了這個限度就是浪費時間。因為，倘若如此，那麼睡眠的時間越長，其熟睡的程度就越低。

應該明確理解的是：思想僅僅是大腦的固有功能，為了能像其他任何有機體功能那樣運用和休息，它必須服從同樣的法則。用腦過度會導致腦損傷，

就像眼睛的使用一樣。正如胃的功能是消化，大腦的功能是思想。靈魂——作為某種基本的、非物質的東西，僅僅存在於大腦之中，其基本功能的發揮全然是自發的，亦即永遠不知疲倦地思考著。毫無疑問，有關靈魂的學說驅使著人們去做荒唐事，並導致理智力量的減弱。

一個人應當習慣於從生理功能看待他的理智力量，並根據實際情況決定是保護它們還是使用它們，他應當記住任何一種肉體損傷——無論是疾病還是機能失調，也無論傷在身體的哪個部位——都會對精神產生影響。

▌人生的快樂

按語：

一個人想要評估自己的一生是否快樂，一定要一一記下他所經過的各種劫數，而不管他曾享受的歡樂。最快樂的命運，不是去體驗到最怡人的欣喜或最大的歡樂，而是把生命帶到終點，而未遭受到身體或精神上的巨大痛苦。

用我們所經歷的歡樂或欣喜去衡量一生的快樂與否，顯然是採用了錯誤的標準。因為歡樂畢竟是負面的。認為歡樂會產生快樂是一種錯覺，是受到羨慕心的偏愛所致，最後難免會遭受懲罰。痛苦給人的感覺是不折不扣的，快樂的真正標準就是沒有痛苦。世上快樂的必要條件就是沒有遭受痛苦，而且也不覺得生活枯燥。此外的其他一切都是虛妄的。

我們絕不應該用痛苦的代價去換取歡樂，哪怕只限於招致痛苦的風險，也不該去冒犯。倘若執意如此，就是在以正面的真實去換取負面的虛幻。但為了避免痛苦而犧牲歡樂，卻是有利可圖的。至於痛苦是跟隨在歡樂之後，還是在歡樂之前來到，都是無關緊要的。企圖轉變當下苦難的情景，使之成為歡樂的園地，致力於爭取欣喜和歡樂，而忽視獲得最大可能地免於痛苦——可是多少人都這麼做——完全是違反天理。

伏爾泰說：「快樂不過是夢，憂傷卻是現實的。」事實如此，一個人想要評估自己的一生是否快樂，一定要一一記下他所逃過的各種劫數，而不管他曾享受的歡樂。因為「幸福獲致術」的起始，就是首先承認它的名稱本身

就是一種委婉的說法。「生活幸福」就是指「生活不那麼不幸福」——即度過一段可以容忍的生活。毫無疑問，我們之所以獲得生命，不是去享受此生，而是克服此生的困難——走完人生的路。等到年老時，想到畢生的任務已經功德圓滿，不能不感到莫大的安慰。最快樂的命運，不是去體驗到最怡人的欣喜或是最大的歡樂，而是把生命帶到終點，未遭受到身體或精神上的巨大痛苦。

▌身在福中要知福

按語：

大部分人只有當不幸降臨到自己身上時，才會盼望那些幸福的日子再次來臨。

在生病和憂愁中未受到痛苦和困擾時所度過的每個時辰，我們的記憶都會視為十分值得羨慕的時候，把它看作為失去的樂園，或像是到這時才認出某人一向夠朋友。

在我們身強體健的美好日子，如果能時常回想到上面的經驗，我們便更應該欣賞和享受「現在」。但是，人們往往身在福中不知福，大部分人都只有當不幸降臨到自己身上時，才盼望那些幸福的日子再次來臨。無數次歡欣快樂的時光就在情緒惡劣中浪費，美好的時光未經我們享受，白白地讓它們溜走，而在天空布滿陰霾的時候，徒然嘆息已經逝去的幸福歲月。當前可以忍受的每時每刻，不管它們是怎樣的普通與古板，或是在我們不經意中過去，或是不耐煩地打發掉——這些都是我們該珍惜的時光。

要牢記，時光的流逝會將它們推入「過去」，隨後我們的記憶會把它們打扮好，安置它們深居在閨閣——在以後什麼時候，特別是當我們困苦的時候，才掀起它們的面紗，再當作我們最為喜愛和失之交臂的美人，介紹給我們。

相信自我

按語：

大部分人把自然秩序顛倒過來，他們寧願把他人的意見看成真實存在的，而不願意相信自己的意識，這是一種荒唐的行為，因此，你應當謹記，不要太在意別人對自己的想法。

我們應該謹慎地勸人，而不要太在意別人對自己的想法。所有的經驗顯示，人們不斷地一再犯這一錯誤。大部分人所關注的是別人的想法，而對於自己意識中最直接的認識反而不那麼關心。他們把自然秩序倒過來——把他人的意見看成是真實的存在，反把自己的意識看成可疑之物，把衍生的次要東西當成主體，把外人所看到的自身形象，看得比自身更重要。

他們這樣從並非直接的存在得出直接的結果，便陷入了被稱為「虛榮」的荒謬——「虛榮」這一用語之所以妥帖，就在它無實質、無內在價值。像守財奴一般，這些人一心一意想擁有手段，卻忘了目的。

兩個生命

按語：

天生睿智的人生活於兩個生命中，一個是自身的生命，一個是睿智的生命。後一生命會逐漸被看作真實的生命，前一生命只是當作導致睿智生命的手段而已。

伏爾泰說：「沒有真正的需要，就沒有真正的樂趣。」自然、藝術和文學具有不同的美，這些趣味之所以為某些人欣賞，而與另一些人無緣的原因，在於前者有這些需要而後者沒有。把這些樂趣奉送給無此需要，也不會欣賞的人，將好比你將梳子送給了和尚一般。

具有這些天賦的人生活於兩個生命之中，一個是自身的生命，一個是睿智的生命。後一生命會逐漸被視為真實的生命，前一生命只是當作導致睿智

生命的手段而已。其他人則把這類膚淺、空虛而充滿困難的自下而上的自身生命當作生命的目的。

智者會讓睿智的生命獲得優待：由於洞察力的不斷增長，睿智生命就像緩慢形成的藝術品一樣，需要持之以恆、長久的強烈感情，一種越來越完整的一致性。與這一生命相比，專注於達成自身安樂的生命，縱然範圍可以加寬，但絕對無法深刻化，它畢竟只是拙劣的表演。然而，通常人們會將這類卑下的自下而上的、自身的生命，當成了生命的目的。

平庸與才智

按語：

當才智低劣之人掌握局勢，智者通常都會遁入荒野，此類人一旦增多，平庸之人便更加不可一世。

人與人之間，在品行和才智上，上天所設定的差別是非常大的，但人類社會總是忽視這些差別，甚至要將這些差別消滅，或者說，社會建立了人為的差別——階級和地位的劃分——來代替它。後者與上天建立的高下次序往往完全顛倒。這樣安排的結果就是將一些才智低劣的人往上提升，把少數天賦卓越的人壓下去。遇到這樣的情形，智者通常都會遁入荒野，這類人一旦增多，平庸之人更加不可一世。

在一個社會中，令智者惱怒的是「權利平等」，因為這些權利直接導致人人都可以自命不凡，那是大家喜愛的；而在自然情況中，才智上的差別就意味著所擁有的社會權力應該有相對的不同。理想的社會承認任何類別的要求，可就是不重視才智，把才智視為違禁品。人們對於各式各樣的愚蠢、乖戾和魯鈍都表現出無限的耐心。具有才華需要獲得他人的贊同，否則就需要完全深藏起來。

保持心境平靜

按語：

保持心境的平靜，才能達到人生幸福的堅實基礎之上，才能窺見人生幸福的全貌。

心境的平靜越少受到恐懼的擾亂，就有可能更多地受到欲念和期望的鼓勵。這就是歌德的那首非常受人歡迎、名叫《我不作任何寄望》的詩歌的真正意義。我們只有先排除一切虛榮炫耀，置身於簡樸無華的生活中，才能做到心境平靜，也就是到達人生幸福的堅實基礎之上。心境平靜是享受此刻的必要條件。除非我們能享受一個個的片刻，否則就無緣窺見人生幸福的全貌。

我們應當永遠記住：「今日」只出現一次，不會再度回來。我們易於忘記，每一天都是生命中不可缺少，也是無從補償的一部分。我們不免把生命視為一個集體的意念或名稱，其組成的某個分子遭受損壞，對整個生命沒有傷害。這樣的觀念將是致命的。

心靈的內在財富是真正的財富

按語：

心靈的內在財富是真正的財富，其他的一切可能弊多於利。具有內在財富的人，無須外界的幫助便能發展自己的聰明才智，使之開花結果，也就是他得以享用自己的財富。

經上天給予更多智慧的人是最快樂、幸福的，所以主觀因素比客觀條件對我們的關係更為密切。客觀作用無論是哪種，對我們的作用都是間接的、次要的，而且必須經主觀因素，才有著落——這一真理，魯西安表達得最為完美：

心靈的內在財富是真正的財富，

其他一切都可能弊多於利。

具有內在財富的人，無須外界的幫助便能發展自己的聰明才智，使之開花結果，也就是他得以享用自己的財富。總之，他需要在一生中的每天每時，能夠保持「真我」。如果他有天分為全人類留下他的獨特思想，那麼只有一個準繩決定他是否快樂——他能否充分發展他的才智，完成他的作品，其他都不重要。因此，古今的偉大人物，都將不受打擾的閒暇，看作跟自身那麼同樣有價值。

▌自負與自豪

按語：

自負的人通常好說，唯恐天下人不知道他的學問，但自豪的人常緘默不語。表面看起來很驕傲的人並不是自豪的人。裝扮的個性都會放棄的，其他假扮的個性同樣如此。

自負的人通常多話，而自豪的人常常緘默不語。但是自負的人應該記住，倘若想得到他人的好感，最容易而且肯定能得到的方法便是堅持不說話，如果整天說個不停，賣弄自己的學問，儘管你有滿腹經綸也很難獲得他人的好感。

表面看起來很驕傲的人並不是自豪的人。裝扮的個性都會放棄的，其他假扮的個性同樣如此。

一個人，只有對自己卓越的才幹和特殊的價值具有堅定的信念，才能稱為驕傲自豪——但人們據以自豪的信念也許是錯誤的，或者是建立在偶然的各個傳統的優點之上。然而，自豪畢竟是自豪，只要它是誠摯的。因為自豪是植根於信念，它就像所有其他形式的知識一樣，不在我們自己能加以裁決的範圍之內。自豪的最大敵人——也就是它的最大障礙——是驕矜。驕矜就是要博取他人的喝彩，以便獲得能肯定自己高度價值的必要基礎，而自豪則是基於原來已經存在的信念。

心智的優越性

按語：

智者總是沉醉在自己所擅長的領域，並從中獲得心智上的優越性，此外萬物在他們眼裡均不復存在。

心智上的優越性在於建構理論，也就是把若干事實進行新的組合。這些事實的種類各不相同，但是，事實越是大家都明白，越是在日常經驗的範圍之內，如果把這些事實加以理論化，所能獲得的名聲就愈為廣闊。例如，要是有關的事實是數字、線條或是某專門學科，諸如物理學、植物學、動物學、解剖學或是疑難史科探索，學者們正因為正確地運用有關資料而獲得這類名聲。智者人數不多，大多不會超出各個學術範圍，其中大部分過著與世無爭的日子，對於在其他專業享有盛名的人從不感到羨慕。

心靈的貧瘠

按語：

心靈貧瘠之人其行為總與其所想相差甚遠，甚至是背道而馳。

人的精神空虛以及心靈的貧瘠，將會造成另一種不幸。當一些比較優秀的人集會結社以便提倡某一高尚或理想的目標的時候，結果總是無數的大眾蜂擁而來。所有地方都是如此，後者的目的在於祛除煩悶寂寞，或是他們天性上的其他什麼缺陷。什麼事情能讓他們生活快樂些，他們就毫不考慮地立刻去攫取。他們有些人會偷偷摸摸地溜進去，有些人則會拚命擠進去，然後就完全把它摧毀，或是放肆地改變它，到最後它的目的變得跟當初正好相反。

獨善其身的好處

按語：

在社會中，大多數獨善其身的人總能獲得實質性的好處，因為它能避免與人交往時產生不必要的麻煩。

對於智者來說，獨處的好處是雙倍的。第一，他能獲得清靜；第二，他不必與其他人在一起——這一點尤為重要。因為和世人打交道需要我們抑制自己，需要面對厭惡甚至是危險。正如拉布魯耶所說：「我們所有的禍害都來自於無法獨處。毫無疑問，喜歡和人交往是危險的，甚至是致命的，因為它意味著要跟人們接觸，而其中大多數是道德低劣的，而且智力低下或是剛愎自用。倘若不愛社交，你就可以無須理會那些人。自身有足夠的條件，不需要跟那些人在一起，實在是太幸運。跟人交往會破壞我們心境的平靜，而心境平靜是幸福要素之中僅次於健康的。沒有相當時間的獨處，要做到心境平靜是不可能的。

社交的主要理由是彼此有所需要，彼此的需要滿足之後，人們本來要分手，煩悶寂寞又把他們驅趕到一起。倘若並非為此，人們極其可能都獨居自處。這是因為每個人在自己的心目中都覺得自己是世上唯一的人，這種絕對重要的感覺只有在獨處時才能充分領略，而在熙熙攘攘的真實人生中，這種感覺很容易受到令人痛苦的否認，不久就會萎縮而消逝。從這一觀點來說，獨處是人類最原始的自然狀態，在這種狀態中，我們都像亞當一樣，快樂是無限的。

一個人若能面對自己，獨立自處，好處是無窮盡的。西塞羅說：「一個能完全自立，且具備獨特才能的人，不可能生活不快樂。」一個人越有獨立的才能，別人對他的重要性就越小。

▌內在豐富才能幸福

按語：

一般人把畢生的幸福寄託在財產、地位、配飾、朋友、社團之上，一旦那些身外之物有所喪失或令人失望，他們的幸福基礎就被毀了。這就像失去健康的人，他試圖用補品和藥物來恢復健康，而不想發展自身的生命力，也就是未顧及他失去健康的真正來由。

一個人，從外在世界所能獲取的東西非常有限。外在世界充滿悲哀和痛苦，倘若你想離開，那些煩悶又在各處等待你。不僅如此，邪惡通常都占盡上風，愚蠢的叫鬧聲最為洪亮。

命運是殘酷的，人類是可憐的。在這樣一個世界中，內在豐富的人好比聖誕節時一間明亮、溫暖、充滿樂趣的屋子，而外邊是結凍下雪的隆冬夜晚。

毫無疑問，世上最快樂的命運是個性豐盈的珍貴稟賦，而更為特別的是具有可羨的才智。這是最幸福的命運，雖然也可能不是最光輝璀璨的人生。

一般人把畢生的幸福置於自身以外，他們把幸福寄託在財產、地位、配偶和孩子、朋友、社團之上，一旦那些身外之物有所喪失或令人失望，他們的幸福基礎就被毀了。也就是說，這些人的重心不在自己，願望和幻想每有變動，他們的重心就會變動。假若他有錢，他今天的快樂是鄉間別墅，那麼，明天有可能是買馬，或戲宴朋友，或是旅行。總之，一生享盡榮華，理由是他在自身之外尋求樂趣。像一個失去健康的人，他試圖用補品和藥物來恢復健康，而不想發展自身的生命力，也就是未顧及他失去健康的真正來由。

亞里斯多德在《尼各馬科倫理學》中說：「每一樂趣都必須先要進行某種活動，也就是先要運用某些能力。做不到這些，樂趣就不可能存在。」他認為，人的快樂幸福在於自由運用個人的最大才智。上天所賦予人的那些能力，起初的目的是讓他跟大自然的困難搏鬥，但如果無須作這樣的搏鬥，未能使用的能力或精力倒變成人的負擔。因而我們就得用工作或玩耍來消耗精力，其目的只是為了避免生活煩悶的痛苦。感到煩悶的最大受害者是有錢的上層人士。

▎智者的需求

按語：

天生智力高超的人，也需要閱讀、觀察、沉思、練習、研究。一般大眾更得如此，才有望成為智力高超的人。總之，想成為智力高超的人，絕對需要不受打擾的空閒時間，以便潛心提高自身的綜合素質。

智力高超者能對純粹是「知識」跟「意志」沒有絲毫關係的事物抱有濃厚的興趣。不但如此，這類幸福對他也是不可或缺的。這可以讓他生活於沒有痛苦、十足是神仙安居的境界中。於是我們看到兩種景象——一般大眾的生涯，全力地為個人的微小利益、為所有的不幸，做長期無奈的爭鬥和努力，一旦這些目的達到，稍能返回自我，又為無法忍受的煩悶所包圍，這時，唯有靠激情的野火才能使自己再度振作；在另一邊，我們見到智慧高超的人，他的生命具有豐富的思想，生活充實而富有意義，自身具備高貴的快樂源頭，一旦能擺脫俗務，便為有價值和有趣的事物忙碌。

智力高超者所需要的外界激勵，多源於對人生事物的思考，源於自然的現象以及古今中外人的事功，是一切只有這類智力高超的人才能充分欣賞、理解和同情的事物。正因為有這類優異分子，那些偉人才真正地生活過，有這些優異分子的存在，那些偉人才被看成是偉大的。對於那些偉人及其追隨者，其他的人只是道聽塗說，一知半解。當然，智力高超的人的這一特點意味著他比別人多一層需要，他需要閱讀、觀察、沉思、練習、研究。總之，他需要不受打擾的空閒時間。

▊心境平靜的來源

按語：

一個人只有在寧靜中，心緒才會像秋水一般清澈，這時才能發現人性的真正本源；一個人只有在閒暇中，氣概才會像萬里晴空一般舒暢悠閒，這時才能發現人性的真正靈魂；一個人在淡泊中，內心才會像無波的湖水一般平靜，這時才能獲得人生真正的樂趣。

不管友誼、愛情、婚姻是何等的親密，一個人完全要自己照顧自己，在你實在無可奈何的情況下，最多只能向親人求助。

在工作上，或是在情誼方向，你與一般人越是少來往，你的生活就越為理想。寂寞和獨處固然有其各種壞處，但是如果我們不能馬上一一感覺出來，至少我們能夠看到它們的藏身所在。另一方面，與人交往就包藏著陰險奸詐。

在表面上我們可能獲得愉快社交的消遣，帶來的卻往往是無法彌補的大禍害。年輕人應該很早就接受訓練以便能夠獨處，因為獨處是快樂和心境平靜的一個來源。

適度的比較

按語：

把自己在自己心目中的價值和他人對我們的評價做一個適度的比較，有益於促進我們的幸福。

倘若我們把自己在自己心目中的價值和他人對我們的評價做一個適度的比較，對於促進我們的幸福大有裨益。另一方面，別人對我們若有認識，也只是發生在他們的意識中，並不在我們的意識範圍。我們只是他們眼裡所呈現的人物，以及我們的形象對他們所引起的思想。但這些對我們並不是直接的和立即的存在，只對我們具有間接的影響，因為別人對我們的行為受到那些印象的指導。即便如此，那些看法和行為對我們的影響，也只在於它們對我們「心目中的自我」具有修正的作用。

幸福的因素

按語：

幸福的因素主要包含健康和擁有維持獨立生活與免於憂患的能力。然而大抵世人都置身體健康於不顧，努力費盡心機，終生追逐功名、利祿，把獲得他人的尊敬、仰慕當作幸福的因素，這是極度愚蠢的行為。因為，人的幸福主要存在於心境平和與滿足。

擁有幸福最主要的便是要擁有健康，其次就是維持獨立生活和免於憂患的能力。健康是幸福最基本的因素，能力是獲取榮譽、排場、勳位和名聲的必要要件。健康和能力無從比較，不管我們如何重視後者，若需要犧牲後者換取前者，沒有人會猶豫的。

人們經歷千辛萬苦，冒險犯難，全力爭取某些事物，這樣的做法無非是為了讓人刮目相看；當我們見到不但官職、頭銜、勳章的獵取，就是財富甚至知識和藝術修養的獲得，都是為了贏得人們更大的尊重——這些就是確鑿的憑據，表明人類的愚蠢已悲哀到無以復加的程度。把人的意見給予過高的評價，是隨處可見的通病。這毛病可能根植於人性的本身，或是文明和一般社會制度所導致的結果。但不管其來源如何，它對於我們所作所為的影響太大，對我們的幸福造成莫大的障礙。

　　人的幸福主要存在於心境平和與滿足，因此，如果我們能把人性之中的這一衝動減低至合理的程度，對於促進幸福將有極大的助益。這麼做，我們應該能夠除去心腹的一大禍患。但是，這是很困難的事，因為這一衝動是人性中自然和內在的悖謬。

▌他人的見解

　　按語：

　　對於他人的見解，無論是批評或是符合我們的看法，均須理智地加以考慮並適度地評估其價值，這樣就能盡可能地減輕我們對他人意見的高度敏感性。

　　對於他人的見解，無論是批評或符合我們的看法，都需要認真地考慮並適度地評估相對的價值，從而盡可能地減輕我們對他人意見的高度敏感性。因為不管是令我們感覺沮喪或是興奮的他人之言，都是訴諸我們的同一情緒。如果不那麼做，我們就成了他人看法之下的奴隸：

　　渴望讚美的人，

　　太容易因雞毛蒜皮而變得抑鬱或興致勃勃。

　　這是賀拉斯《書函集》中所言，判斷一個人在社會上是否有用，並非根據自己的意見，而是取決於他人的看法。於是，人們就千方百計地要讓他人對自己有好感，把「他人的好感」視為價值重大。這是人生中本有的內在特質，我們把它叫做榮譽感，從另一個角度也可以稱之為羞恥心。在他人面前，

眼看別人就要就一件事做出對我們的看法，我們就會臉紅，就是這種心理的緣故（讓我們羞慚的事，包括我們明明知道自己無辜，或是並未涉及絕對責任的過失，只是自願承擔者而已）。相反的是，當我們相信或瞭解到他人對我們信任有加，我們所獲得的勇氣是無可比擬的，因為這情形意味著大家都會幫助我們、支持我們。眾力共同抵擋人生的不幸，相較於我們各自捍衛自己，要容易得多。

警惕貶抑與侮辱

按語：

貶抑與侮辱的對象通常是那些高節之士，因為品味不同的人不可能成為朋友，卑劣之徒見不得別人的優點，他人的優點與才能會引起卑劣之徒的憤恨。他們的天性就是永遠在暗地裡貶抑與侮辱高節之士。

即使我們的作為和品格讓他人不能不對我們致以最崇高的敬意，但只要有人，不管他是好人或壞人，是智者還是弱智，只要他們說出一些貶抑我們的話，我們的榮譽就會受到損害，甚至蕩然無存。不在於他人所想，而在於他人所說的話。還可以提出另一項證據，那就是說過侮辱的話可以撤消，如有需要還可道歉，這就使得侮辱的話好像沒有說過似的，至於侮辱的話所表達的看法是否已經改正，為什麼他人會說那樣的話，就完全不重要了。只要所說的話收回了，一切和好如初。這類行為的用意，不在於贏得尊敬，而是強使他人尊敬。

我們的所有行為也許是依照最公平和最高貴的原則，我們的精神即使是最純潔的，我們的理智縱然是最為上乘的，但任何人只要高興指責我們，我們的榮譽就將掃地無遺。

塞內卡說得好：「人越是可鄙和可笑，越是喜歡說他人的壞話。」他所侮辱的對象通常是那些高節之士，因為品味不同的人不可能成為朋友，卑劣之徒見不得別人的優點，他人的優點與才能會引起卑劣之徒的憤恨。所以歌德說：

為什麼要對仇敵不滿？

我們的天性就永遠在暗地讓他們自慚，

他們還可望成為我們的朋友嗎？

勿妒忌和排斥他人

按語：

人倘若有名聲，就會高出同輩的，就會變得「鶴立雞群」，進而會引起極大多數平庸之輩的群起攻擊，遭致妒忌與排斥，如果可能還會遭到壓制。

歌德說，人不但缺乏智慧，而且無法認識和欣賞世上的美好事物，且多道德卑劣。這是隨處可見的，此刻以「妒忌」的姿態出現。人倘若有了名聲，就高出同輩，沒有名聲的人相對地變得低下。一切顯赫功績的取得，都需要一般人士付出代價。歌德在《安東詩集》曾這麼說：

我們讚頌他人，

就是貶抑自己。

每有傑出的事物出現，占極大多數的平庸之輩就會不謀而合地群起攻擊，如果可能還會加以壓制。此類人的勾結暗語是「打倒優越」；此外，就是有過一番作為也享有一些名聲的人，同樣地不喜歡新的名聲出現，因為其他人的成功會掩蓋自己的光輝。因此，歌德有過這樣的話：

如要別人准許，

我才可以出生，

我就仍然不在人世。

你可能知道，當你看見他們如何忽視我，

他們那麼擺架子，

在炫耀，在展示貨色。

第四章 待人之道

　　人的一生免不了與人交往，包括配偶、父母、孩子和朋友。在人生旅途的進程中，我們應該盡可能做到寬容和自律，避免與人爭論和口角，放眼前途，容忍異己，這樣我們的一生將獲益良多。為人處世的睿智，更少不了容忍的光輝。

▌待人寬容如待己

　　按語：

　　人生在世，一定生活於他人之中，這無從避免，因而在其人生旅途中要隨時做兩件事：一是防患於未然；二是豁達大度。因為防患於未然能使你免受損失和傷害；豁達大度能使你避開衝突與爭吵。倘若你對他人的行為不滿，便如同跟一塊擋住你去路的石頭發怒一樣愚蠢可笑。與人交往最理智的辦法便是善於對待那些你無法改變其本性的人。

　　一個人在其人生旅途中隨時準備做並且做到下面兩件事：一是防患於未然；二是豁達大度。防患於未然使他免受損失和傷害，豁達大度使他避開衝突與爭吵。

　　一個必須生活於他人之中的人，絕不該拋棄任何在自然秩序中占有一席之地的人——哪怕他極為邪惡、粗鄙或荒唐可笑，也應該將他視為一個不可更改的事實。我們無法更改，必須得接受下來，因為他是一種內在的本質的必然結果，若身處逆境，更應牢記惡魔梅菲斯特的話：世上總有傻瓜和惡棍。倘若另行其事，那麼，無疑是犯下了彌天大罪，是在向被他拋棄的人進行生死挑戰。任何人都無法改變他自己的獨特個性，諸如他的道德品格，他的理智才能，他的個性或體格。倘若我們譴責他，把他說得一無是處，那麼，除了使我們捲入一場拚死衝突外別無他擇。因為，事實上我們使他落入了這樣一種境地，即他只有改變自己，重新做人，方有生存的權利。然而，這是不可能的。他的本性決定了他的一切。

所以，如果你必須生活於他人之中，就必須允許每個人都擁有按其特性生存的權利，無論其結果是什麼。你應當做出的全部努力是順其自然、恰如其分地利用其特性，而不希圖其本性有何改變，或隨意譴責它。這便是「待人寬容如待己」這句格言的真實含義。無論如何，這是一項難度與正確均成正比的任務，那些避免與同類過從甚密的人才是幸福的。

　　容忍別人的藝術可以透過對無生物實施耐心的方法而獲得。根據某種機械的或普遍的必然力，這種忍耐頑強地阻止了我們行為的放肆——是日常生活所要求的一種寬容方式。如此獲得的寬容或許也適用於我們與之交往的人，我們要使自己習慣於他們的對抗——無論在何處遇到這種對抗——將其看作是本性的必然結果。他們賴以反對我們的就是支配非生物的對立的同一條不可抗拒的必然性法則。倘若我們對他們的行為感到不滿，就如同跟一塊擋住你去路的石頭一樣愚蠢可笑。與人交往，最理智的辦法便是決心利用那些你無法改變其本性的人。

▌明白個性差異

　　按語：

　　大千世界很難發現精神狀態完全一致的兩個人，這與他們的生活條件、地位、環境、健康以及此時此刻的思緒不同有關，這種差異使得人與人之間產生不和諧，導致衝突。

　　一個人只要和另一個人一交談，哪怕是極隨意的話題，也能立刻感覺到他們之間在智力、氣質上的差異或相似。當兩個本性迥然相異的人在談話時，毫無疑問，其中一個人所說的幾乎每件事都在不同程度上惹惱另一個人，即使談話的內容是那樣地無關緊要，在多數情況下仍會導致不愉快的氣氛。另一方面，本性相近的人則立刻會感到彼此間的一種默契。倘若他們的脾氣完全相同，那麼，他們之間的交往將是極為和諧一致的。

　　一般來說，人們彼此間是協調一致的，但他們仍互相保持距離。或者，在某些情況下，他們之間仍會產生一種偶然的衝突，這應歸咎於心境的差異。

很難發現精神狀態完全一致的兩個人，這與他們的生活條件、地位、環境、健康以及此時此刻的思緒不同有關，這種差異使得那些性情極為相近的人也會產生不和諧。

調整情緒彷彿將溫度調到一種常溫，以消除不和諧，這是一種要求達到高層文化的工作。情緒的均衡會產生穩固友誼的範圍，這一範圍是由情緒波及的交往夥伴來調整的。例如，當一群人聚在一起，帶著某種客觀的令人感興趣的事——它對所有人都產生作用，並以同樣的方式發揮影響。無論它是什麼：一種共同的危險或期望，一場極限遊戲，一場演出，或其他諸如此類的東西。你將會發現它們會引起大家思想的共鳴，並使每個人都流露出一種真實的好奇心，在他們之中將會產生一種普遍的愉悅感。因為吸引他們注意力的東西能夠壓抑所有私下的或個人的興趣並導致情緒的協調一致。倘若沒有我所說的那種客觀事物，那麼，通常來說，總有某種主觀的東西。一瓶啤酒能引起融洽的友好感情，已不是什麼罕見的事了，甚至茶和咖啡也常用於同樣的目的。

衝突、不和作為情緒差異往往是偶然的、暫時的，其結果會輕而易舉地滲入所有的社會交往中，這也在一定程度上解釋了為什麼記憶總是理想化的，有時甚至是神明化的，由於我們無法保留所有轉瞬即逝的印象——這些印象曾在某些偶然的場合和時間裡攪擾過我們。從而，使我們在過去的某個時期曾經有過的情緒發生了變化。就此而言，記憶如同一個模糊的照相機鏡頭，它將一切均收入鏡頭中，所以產生了比實際景緻更美好的畫面。

然而就人而言，被攝入記憶的鏡頭卻常常沒有一點效果。因為，雖然記憶的理想化傾向需要時間的協助才能發揮作用，但它同時又立即開始作用。因此，只有經過相當長時間的間隔再去見你的朋友或熟人才是明智的；當你再次見到他們時，你將注意到記憶已經開始發揮作用了。

同流才能合汙

按語：

芸芸眾生，有些人是卑鄙骯髒、麻木不仁、庸俗下流的。因而你會發現，除非你自己變得跟他們同樣庸俗下流，否則你絕不可能與他們對話。

人不可能從別人身上看到比自己更多的東西，你的才智全然決定了你力所能及的範圍。倘若你是個低能兒，那麼，即使他們才智超群也對你毫無影響。你所看到的僅僅是他們個性中最平庸的方面──換言之，僅僅是那些品性和氣質中的弱點和缺陷。你對一個人的評價僅侷限於他的不足之處，你看不見他出眾的一面，就像盲人看不到色彩，聾子聽不到聲音一樣。

從一個傻瓜身上是看不見才智的，在批判別人作品的嘗試中，這種批判所具有的知識等級是這種批判的本質部分，這正如作品本身的觀點是作品的精華一樣。

所以，與他人的交往涉及到將水準降至同等的問題。一個人所具有但不為其他人所見時具有的素質，在他們碰到一起時就不會起作用，當一個人為其同伴做出犧牲時，此種自我犧牲並不能博得他人的賞識。

一想到有些人是如此的卑鄙骯髒，是如此的麻木不仁，是如此的庸俗下流，你將明白，除非你自己變得跟他們同樣庸俗下流，否則你絕不可能與他們對話。就此而言，粗俗行為如同電流，極易傳導。你也將完全懂得「自輕自卑」這句話的真實和恰當含義，並且，你會樂意避免與那樣的人交往，即他與你交往的唯一可能之處恰恰是你本性中的那一部分──它曾是你最沒有理由引以為自豪的東西。因此，你將領悟在與傻瓜和笨人打交道時，能夠顯示你聰明才智的唯一辦法是不與他們交往。當然這意味著你踏入社交界時，你可能常感到自己像應邀出席一次舞會的出色舞蹈家一樣。當你到達舞場時，立刻會發現所有人都是跛子，你將找不到合適的舞伴。

愛與尊敬

按語：

一個人很難從同一個人那裡獲得愛和尊敬，因而每一個人都需要做出選擇。從以往的經驗看，與愛相比，尊敬能給人們更為真實的滿足。

一個人既想感受到別人的尊重，同時又想從這同一個人那裡體驗到摯愛那是十分困難的。倘若如此，我們將不得不進行選擇，是從我們的同伴那裡得到尊重，或者是愛。

他們的愛總是自私自利的，其表現形式各式各樣。我們過去為贏得這種愛而常用的手段並不總是使我們引以自豪。

一個人被另一些人所愛主要是透過這種方式，即言談適中、舉止穩重而博得好感和聰明的印象。他必須坦白直率而不矯揉造作——不僅僅是由於忍耐。

從本質上來說，這也是一種蔑視。這使人想起愛爾維修極真實的評價：「衡量我們才智的一種最精確的尺度是它必然使我們得到滿足。」如果把這一論斷作為前提，則很容易推導出結論。

至於說到尊敬，情況恰好相反。很難勉強讓別人尊敬你，這其中的理由極難揭示。因此，與愛相比，尊敬能給人更為真實的滿足，因為它總是相關於個人的價值。而愛則並不直接相關於個人的價值，愛在本質上來說是直觀的，而尊敬則是客觀的。毫無疑問，被人愛要比受人尊敬更為有用。

不同的人

按語：

性格高貴、心智宏偉的人，往往顯出罕有的缺乏世故，對人們缺乏瞭解，其結果是，要欺騙或是誤導他們很容易；在另一方面，性格普通的人更能適應世界，獲得成功。

大多數人都較主觀與武斷，除了他們自己以外，再沒有什麼事能真正引起他們的興趣。他們只要一開口首先考慮的總是自己，他們的全部注意力都為那些最偶然的但又對他們個人發生影響的小事所吸引和侵擾，這絕不是無關緊要的。

　　由於他們沒有精力去對事物做出客觀的評判，他們與別人的交往才能成為這樣子。他們無法正確地分辨什麼是他們的興趣，什麼是他們的虛榮心。他們太容易被激怒和煩擾，以致於在與他們討論任何非個人問題時，你須小心冀冀，盡可能使你們的談話避免涉及你面前的這些可敬而又敏感的人。因為，你將要說出的任何話語都有可能傷害他們的感情。

　　實際上，人們從不關心和自己沒有任何關係的事。他們對任何真正的、吸引人的經驗和美好的、神奇的、有趣的事物都無動於衷：因為他們無法理解，也無法感受到它們。但是，對任何打擾他們無聊虛榮心的事則非常敏感。在這方面，他們就像被你無意中踢了一下的小狗，立刻會狂吠起來；或者像渾身長滿瘡腫和痱子的病人，你必須萬分小心，以最大的謹慎避免不必要的碰撞。

　　在一些人中，其敏感性已達到這樣一種程度，倘若他們正與某人說話，而對他顯露或沒有完全隱藏他的才智和精明，他們就會視此為一種公然的侮辱。儘管他們當時掩飾了自己的不快，事後與他們談話的人總要反省自己的觀點，絞盡腦汁地回顧自己究竟說了些什麼而引起了他們的怨恨和憤怒。

　　但是，這正如易受別人恭維諂媚一樣，他們也易被別人拉攏爭取。這便是為何他們的判斷總是破綻百出，意見搖擺不定的原因。對於他們來說，判斷或意見不是依據事實上的正確與錯誤而裁定的，而是根據他們所屬的那個團體或階層的偏好來決定的。所有這一切的根本原因在於，在上述這樣的人之中，知識被意志力所掌控。因此，他們那貧乏的理智已完全服從於意志，並且，一刻也無法擺脫這種從屬的地位。

　　占星術為此類人的那種可悲的主觀性提供了極其動人的證據，這促使他們把一切都視為僅僅與他們有關的事物，卻沒有想到任何事物都不是直接關

涉於個人的。占星術的目的是要將天體的運動引入可悲的自我之中，以使在天空的一顆彗星與地上的人類紛爭和罪惡之間建立某種關係。

正確的見解

按語：

真理總是誕生於千錘百鍊後，正確的見解同樣能禁得起時間的考慮。

無論是當眾或是在社交中還是在書本中，錯誤的陳述一經作出並被大家所接受，或者說，無論如何沒有被駁倒，你就沒有理由感到失望。當你想到問題會逐漸受到檢驗並弄個水落石出，它將受到深思熟慮、反覆討論，並且一般說來，最終總會得到正確看法，你應當為此而感到寬慰。所以，只要經過一次——次數的多少依據問題的難易程度而定——每個人都將立刻明白，一個頭腦清晰的人是如何理解問題的。

當然，同時你還必須有極大的耐心。一個眾人昏聵而唯獨他頭腦清醒的人就像一個這樣的人，即他生活的城鎮中，所有的鐘都不準而唯獨他的錶是準確的，他知道正確的時間。然而，這於他又有何用呢？因為，大家都以錯誤報時的鐘為準，甚至那些知道唯有他的錶才是正確的人也不例外。

適當藐視

按語：

適當地藐視他人，也能贏得他人的尊重，但是，對一個值得我們尊重的人，千萬不可藐視他，而要把這種想法視為一種罪惡隱藏起來，雖然這樣做並不會讓人感到高興，但它是正確的作法。

像孩子一樣，如果你溺愛他們，他們就會變得任性頑皮。因此，對任何人都不要過於溺愛，你可以視此為一條普遍規則：你拒絕一位朋友借款，並不會失去這位朋友，然而，你卻喜歡假意答應他的借款要求。出於同樣的理由，你並不準備由於你行為舉止的驕傲與擔心而疏遠別人，但是，倘若你對

別人太和善殷勤，那麼，你就會促使他們變得妄自尊大，令人難以接受，最終將使你們的友誼破裂。

這會使那些人心理失去平衡，因為他們覺得你是依賴於他們的。於是，他們便會以橫蠻無禮、盛氣凌人的態度對待你。的確，有這樣一些人，當你與他們交往時，你會發現他們是如此粗魯野蠻。例如，假如你偶然與他們推心置腹地談論一些心底的祕密時，他們立刻會自以為能夠隨意傷害你，並且試圖違反社交規則。這就是為何你願意與之結交的人如此之少的原因，也是為什麼你應當避免與庸俗之輩交往的原因。在與他人的交往中，唯一能夠達到超越境地的方法，是讓人們瞭解到你是獨立於他們的。

因此，讓你熟識的每一個人——無論是男人還是女人——經常感到沒有他們依然生活得非常好。這種做法是非常可取的，它將會增加你們之間的友誼。甚至在你與他們的交往中，你偶然流露出一絲輕蔑之意也無妨，那樣會使他們更加珍視你與他們的友情。正如一則義大利格言所說的：「輕視他人，為了贏得他人的尊重。」但是，如果我們真正極為尊重一個人，那麼，我們就該把上述想法視為一種罪惡而隱藏起來。這樣做並不讓人感到高興，然而，它是正確的。對待一隻狗都不應過分和氣，更何況對待人呢！

▌知人斷事

按語：

每個人都應銘記於心的是，在與他人的交往中，人有時像一輪圓月，有時像一彎月牙。他們向你展現的僅僅是他們的某個方面。每個人都有一種模仿的天賦——即他能製作一副假面具掩蓋其真實面目，以便誤導別人相信自己生來如此。因而，每個人都要能知人斷事。

經常有這樣一種現象，即那些具有高尚品行和偉大天賦的人，在世俗智慧和人事關係方面的知識顯得奇缺和匱乏。在他們年輕時更是如此，因而，很容易被人欺騙或被引入歧途；相反地，普通大眾在立身處世方面，則更容易獲得成功。

　　為什麼會這樣呢？因為，當一個人很少或幾乎沒有經驗時，他必須借自己先驗的知識去進行判斷，並且，在需要加以判斷的事物中，先驗的知識與經驗相比絕不在同一水準上。因為，對於普通大眾來說，先驗知識意味著他們自己的自私自利觀點，這與那些品行和精神都高於普通平民的人的情況不同。嚴格說來，就他們的非利己方面而言，他們與另外一類人大相逕庭，當他們以自己的高水準去衡量、評判別人的思想和行為時，結果，往往與他們的預測不相符。

　　倘若一個品行高尚的人最終認識到（不管是他的親身經驗或從別人那裡得到的教訓），在一般情況下，可期望人們做些什麼——也就是說，五、六十歲的人在道德上、理智上是什麼樣的。如果環境並沒有讓你與他們建立關係，那麼，你最好還是避開他們，盡可能不與他們共事。你簡直不知道如何才能恰如其分地描繪出他們可悲的中庸和卑劣的本性。他們的人生道路如此漫長，你將不得不為已經形成的對他們的評價進行擴展和補充，同時，你還將犯大量的錯誤而使自己受損。

　　此外，在你真正接受了你曾受惠於他們的種種教訓之後，你再置身於那些你並不瞭解的社團時，偶爾會出現這種情況——你突然會覺得他們是那樣地通情達理——無論是在他們的談話中，還是行為中。事實上，他們是如此正派、如此誠實、如此有道德和可信賴。而且，他們還非常機敏和聰慧。

　　應當時刻銘記於心的是，在與他人的交往中，人有時像一輪圓月，有時像一彎月牙。他們向你展現的僅僅是他們的某個方面。每個人都有一種模仿的天賦——即他能製作一副假面具掩蓋其真實面目，以便誤導別人相信自己生來如此。因為他總是在他個人本性的圈子裡精心設計，從而使他在扮演適宜他的假象時往往唯妙唯肖，恰到好處，這一切實際上都是虛假騙人的。不管什麼時候，只要他想得到他人的奉承就戴上他的面具。你或許能看穿這面具是用什麼做的，但別忘了那句絕妙的義大利諺語：「搖尾乞憐的狗沒有不討人喜歡的。」

　　無論在什麼情況下，都不要給予一個剛認識不久的人過高的讚譽，否則，你很有可能會大失所望，因此而慚愧甚至受到某種傷害。決定一個人是否值

得深交要看他的本性，一個人的品性往往能透過他對一些日常小事的處理看出來，因為在處理小事時他是毫無防備心理的。這為我們提供了觀察一個人的人性中欲壑難填的利己心以及毫無利他之心的極好機會。如果這些弱點和欲求缺陷是透過一些瑣事或一般行為顯露出來的，那麼，你將會發現這些弱點和缺陷也同樣展現在一些重大問題上，儘管他會極力掩飾這些弱點或缺陷，偽裝事實。

這是一個不應失去的機會。如果在日常瑣事中——即生活中細瑣的小事，這是些最低規則也不適用的事情——一個人對別人冷漠無情，只是一味追逐有利或適宜於他自己，卻有損於他人權利的東西。如果他擅用屬於大夥的東西，那麼，毫無疑問你可以肯定他是一個沒有絲毫公正之心的人，是個徹底的惡棍，除了法律和強制措施能束縛他之外，別無他法。因此，對這種人千萬不可輕信。如果他有膽量破壞個人交際圈的規則，並且在他這麼做卻又不受懲罰時，他將會進而破壞國家的法律。

假如普通平民都是優點勝於缺點，那麼，信賴他的正義感，他的剛直不阿和感激之情、他的忠誠、友愛和富於同情心，而不是利用他的膽怯、懦弱，將是一種較為可取的方法。若是缺點勝過優點，那麼，採用相反的方法可能更為妥當。

假如我們與之交往或必須與之交往者有著令人不快或是令人厭惡的品行，那我們有必要思考這個人是否值得我們容忍其品行經常地或以更惡劣的形式表現出來，並與之保持往來。對於這個問題的肯定答案是不再需要多說的，因為所說的一切都是廢話。我們必須對此表示容忍，不管是有意還是無意。不過，我們還應該銘記，我們將因此會使自己再次遭受損害。假使回答是否定的，那我們的當務之急就是與那可尊敬的朋友立即並永遠斷絕關係；或者，將他看成一個不合格的僕人，毫不遲疑地將他解僱。因為，關鍵時刻，他將無可避免地要重新犯罪或作惡。即使此時他裝扮出與他的厚顏無恥格格不入的那種深沉和真摯的感情，我們都不應該心軟。

對於一個人來說，他可以絕對地忘卻一切——除了他自己，他的品性。因為，品行是一個人與生俱來的，是難以改變的。一個人的所有行為皆源於

其內在本性，由於這種內在本性，你會發現他在相同或類似的環境中的行為舉止總是如出一轍，別無二致。

與一個你已絕交的朋友重修舊好，實際上是一種懦弱的表現。當他背著你幹了有損你們之間友誼的事而你又寬恕了他時，他就有可能變本加厲，越發大膽放肆。因為，他已經發現你不能不與他交往。當你重新僱傭當初被你解僱的人時，他也同樣會變得令人難以忍受。

此外，星移斗轉、時過境遷，人們的行為方式並非亙古不變。實際上，人的行為和情感像他的興趣一樣變化多端。他在這方面的朝秦暮楚，就像一張已填好的短期支付的匯票，一個人沒有拒付而是兌現了它，可見其目光之短淺。

因此，若想知道一個人在工作時的言行舉止，不應寄希望於他的慷慨承諾和信誓旦旦。因為，即使他顯得那麼真摯誠懇，實際上他對自己正談論的問題一無所知。那麼，怎樣才能窺探他的蹤跡，並預測其動向呢？唯一可行的方法便是考慮到他所置身於其中的環境。因為他的品行可能發生衝突——以及這種衝突可能波及的範圍。

▌自律與強制

按語：

任何人都不應放縱自己、為所欲為、我行我素，因為人性中總有許多罪惡的、獸性的方面，這些醜惡的東西需要掩藏起來，這樣才能避免它們為你帶來災難。

沒有人能夠完全為所欲為、我行我素。每個人都要受某個先定規劃的指導，並遵循一定的普遍規則。但倘若過分循規蹈矩，就會在一個人的天性中硬塞入某種非自然、非固有的東西，然而，這樣一來他的品性將成為虛偽的習性。這些習性是經過理性的雕飾逐漸形成的。並且，他會立刻發現本性是不可抑制的，如果你驅趕它，它越會不顧一切地回歸再現。

理解一條行為規則非常容易，甚至可以無師自通，能說得有理有據，頭頭是道，然而，剛才還掛在嘴上，轉身又會在現實中違犯它。這倒也不是使人失望的原因。你不必認為不可能依照某些絕對的觀念和行為準則來調整自己的生活，最好還是按自己的意願去生活，你將會更加幸福。在這裡，正如一切旨在實際效果的書本教誨一樣，需要做的頭一件事就是準確地理解，其次才是學會如何實施於行動。人們經過理智的努力，立刻從理論上掌握它，但是真正付諸行動則需要時間的歷程。

　　一名學生能夠學會使用一種樂器，奏出各種悅耳的旋律，或學會不同的優雅劍術。他也有可能在應用時出現差錯，這是完全有可能的，然後，他將認真熟記樂譜或者勇敢地要求參加比賽。儘管如此，透過一連串挫折、失敗和不斷地努力，他將會在實踐中逐步成熟完美起來。

　　在做其他事情時，情況同樣如此。如在學習英文拼寫的過程中，人們可能會忘記它，唯有經過長期實踐，傻瓜才能變成大臣，急躁的冒失鬼才能變成精明世故的老手。或者，熱誠坦率的人才能變得謹小慎微，高尚豪爽者才能變得乖戾、卑下。雖然這種自我約束是一種長期習慣的結果，並總是由一種外在的壓力所致，但本性畢竟不再是無法改變的，有時甚至能征服。

　　一切不是出乎自然的東西均是不完整的，這是一條普遍適用的規則，無論是在物理世界，還是在精神世界皆如此。唯一不適用的是砂金石，它的自然狀態與經過加工的非狀態是無法比擬的。

　　任何人都不應放縱自己，不應當袒露自己的真實面目；因為人性中總有許多罪惡的、獸性的方面，而這些醜惡的東西需要掩藏起來。這種說法雖然為虛飾的消極態度做了辯解，但並沒有證明那種虛構的優越性是合理的。此外，還應當牢記首先要分辨出什麼是假冒，然後再弄清假冒的是什麼。最後需要指出的是假冒是絕不能長久的，總有一天假面具會被識破。塞內卡說：「一個人不可能長期偽裝自己，因為本性將重申其欲求。」

▋以人為鑑

按語：

以人為鑑，可以明事理，斷是非，解恩怨。我們每個人都需要一副透鏡以穿過外貌而直視我們內在的精神品性。

一個人行動自如從未感到自己身體的重量，但倘若他想挪動別人的身子，則立刻會感到沉甸甸的。同樣的道理，一個人能清醒地看到別人的缺點和不足，卻對自己的不足之處視若無睹。這種安排有一個有利之處：即它使其他人成為一面鏡子，一個人可以從中看到他自己本性中一切罪惡的、愚昧的、無教養的以及令人厭惡的東西。有個古老的故事，曾講到一條狗對之狂吠不已的正是它自己的影子，固然，牠所看見的正是牠自己，而不是牠所幻想的別的什麼東西。

批評他人的人總是努力再塑自身。那些習慣於暗中窺視別人一舉一動的人總是希望瞭解別人在幹些什麼，並以他們為榜樣不斷地改進自己、完善自己，從而使自己具有充分的正義感，或者至少有足夠的自豪感和虛榮心，以免重犯以前的錯誤。而那些完美的人則恰恰相反，他們要求待人以寬並希望他人待己亦寬。聖經說：只見他人之瑕疵而無視自己之大錯。眼睛生來只見他物而無視自我，因而觀察別人，非難別人，是認識自身的絕妙途徑。我們需要一副透鏡以穿過外貌而直視我們內在的精神品性。

同樣的規則也適用於作品的風格，倘若你對這些風格中的某種愚蠢的傻念頭不是予以責備而是倍加讚賞；那麼，你肯定會去模仿它。

▋友誼不可靠

按語：

人類特有的本性是對朋友的不幸感到幸災樂禍。無論你多麼不情願承認，這是事實。如同疏遠和長時期的分離，必將對友誼造成損害一樣。因而，把敵人的責備當作靈丹妙藥，更能使你具有自知之明。

誠摯的敬意和真正的友誼可能會出現虛假的替代物，有時我們以為得到了友誼和尊重，其實只是某種假象。

真誠坦率的友誼是以一種對他人的幸福和痛苦所表示的強烈同情心為前提的，這種同情本質上是純粹客觀的，毫無私心的，這反過來又意味著自我與友誼對象之間的一種絕對的一致性。人本性中的自我中心主義又強烈反對同情心，以致於真正的友誼就像海蛇，沒有人知道牠們到底只是神話傳說裡的東西，還是真的存在於某個地方。

此外，在很多情況下，人與人之間時常呈現出真誠坦率的某些蛛絲馬跡，然而一般說來，某種隱密的個人利益仍構成其基礎，而它不過是形形色色的利己主義的一種罷了。但是，在一個完美無缺的世界上，這種真實情感的跡象是一種使人淨化高尚的力量——它能借助給予那些關係以友誼的名譽而發揮其作用，因為，它們遠遠高於人類中流行的那種普遍的友情。後者是這樣一種情感，即如果你聽說自己親愛的朋友在背後對你說三道四，你絕不會予以任何回擊。

拉羅什福柯說：「人們總是對朋友的不幸感到幸災樂禍。」的確，在這樣的時刻，所謂的朋友常常會情不自禁地流露出一種不易察覺的冷笑。除了把你遇到的麻煩和困難告訴他們，或者，毫無保留地向他們袒露你的個人隱私以外，幾乎沒有什麼更好辦法能保證他們高興起來。這是人類特有的本性！無論你多麼不情願承認，疏遠和長時期的分離，總會損害友誼。

我們無法見面的朋友——即使曾經是最親密的朋友、患難之交或死生摯友——雖然時常縈懷於心，可時過境遷，隨著時光的流逝，這種牽掛將會慢慢變淡，最終成為一種抽象的概念。我們對他們的興趣也越來越理智——甚至僅僅作為一種慣例而維持下去。與此相反，我們對那些不斷出現在眼前的人會抱有強烈而濃厚的興趣，儘管他們只是些供人玩賞的小東西。歌德在戲劇《托爾夸圖‧塔索》中關於當時的作用範圍所作的評論是何等正確：

「當下時刻乃是一位威力無比的女神。」

所謂房屋朋友是極其形象的稱呼，因為他們只是房屋而非房屋主人的朋友。換句話說，他們不像忠於主人的狗，倒更像依戀房屋的貓。

你的朋友將會向你表白他們是多麼地真誠，你的敵人更是如此。把敵人的責備當作一帖靈丹妙藥吧，它會使你具有自知之明。

常言說得好，患難之交最珍貴。但是，事實恰恰相反，你只要一交上一位朋友，他就說是患難朋友，並且立刻開口向你借錢。

▌韜光養晦

按語：

「君子藏器於身，待時而動。」古人說：持盈保泰，總須忍讓，而恃強者，乃自取滅亡。鋒芒是獨特的，具有個性，如你額上角，有角便會觸人，唯有磨平之，方是上策。

一個想憑藉其才華和精明躋身於社會名流之列的人，一定是一個未經世故的人。這種品性很容易引起多數人的忌恨和不滿，而他們不得不隱瞞甚至不承認自己憤恨的真正原因，這實在讓人不堪忍受。

事實如此，倘若一個人感到或認為他的對手比自己要有才華。那麼，他便會不知不覺地暗自斷定：那對話者一定相應地對自己的本能評價較低，這是一種省略推理法——它常常導致推斷者滿腹憂愁或一腔怒火。葛拉西安的話是完全正確的，他說：「若想贏得別人的好感，唯有自己顯示得和牲畜那樣愚蠢、粗蠻。」

炫耀自己的才華，賣弄自己的學識，只不過是在旁敲側擊地嘲笑別人愚鈍和無能。而且，任何形式的流言蜚語都會使一個普通平民的心理受到嚴重的紛擾，這是很自然的。在這種情況下，妒忌心將使他產生敵意。因為人們從自己的虛榮心得到滿足時獲取極大的喜悅，這在日常生活中是司空見慣的，倘若沒有與他人攀比的心理，則虛榮心就無從滿足。

一個人最能引為自豪的莫過於他的理智慧力，正因此，才使他在這個動物世界中保持威嚴的地位。如果讓某個人看到你的才智絕對地優越於他，或

者讓其他人看到這一點，是極輕率魯莽的。因為他會渴望報復，並會伺機傷害你。在這裡，理智被意志所掌控。因此，財富和地位在社會上總能獲得他人的尊敬，總能引起別人的羨慕，然而，理智才能卻從不能有此企望。

一個人的言行舉止很可能謙卑恭順，但只要他的才智出類拔萃，就會被人們認為是大逆不道而很難得到人們的寬恕。中世紀最偉大的波斯詩人薩迪在《真境花園》中評論說：「你應當明白——智者固然不願與傻瓜為伍，而蠢人更是一百倍地厭惡與聰明人交往。」

與智者相反的是，愚鈍倒真正有其可取之處。正如溫暖使身體感到舒適一樣，這種舒適感對精神也是大有裨益的。如果二個人感到寒氣襲人而想取暖，那麼，他會自然而然地靠近壁爐或走到陽光下，他在找尋同伴時，也可能產生這種感覺。但是，這就意味著他將因為自己的優勢而招人討厭。一個人若想討人喜歡，他就必須在才智方面遜人一籌。這種情形也同樣適用於女人的美貌。

想一想，一個相貌還可以的姑娘是多麼熱情而又誠懇地歡迎一個顯然要醜陋得多的姑娘。對男人來說，通常不會對肉體的美考慮得那麼多。這便是為何在男人中，對肉體美的關心常是愚鈍的和無知的，在女人中，相貌醜陋則是受歡迎不可缺少的原因。那些俊俏的姑娘沒有擁有很好的同性朋友，她們甚至很難找到與之交往的同性夥伴。美麗的女人應當永遠不要做他人的陪伴，因為只要她一跨入人家的屋子，她未來的女主人就會因她的美貌而對她有不悅之色，並且，她會找理由將美麗的女人當作傻瓜「辭退」。但是，倘若姑娘身分高貴，則情形就大為不同了。因為，身分不同於個人的品性——後者只能透過對比而使低劣者相形見絀——它是透過一種影響過程而發揮其效應的，就像一個人的衣著裝扮在很大程度上取決於他周圍所流行的色彩和樣式一樣。

▍信任與懷疑

按語：

我們信任別人，在很大程度上，是出於我們本身的懶惰與虛榮心。被人懷疑，往往心虛到想要結束生命，這種不正常正是「恐高症」的表現。

我們信任別人，在很大程度上，是出於我們本身的懶惰與虛榮心。懶惰，因為我們不去打聽原委，不積極謹慎行事，而寧願信任他人；自私，因為受到事情的壓力，我們就找人傾訴心中煩惱；還有虛榮心，因為要求他人保密，正是自己感到驕傲的事。儘管如此，我們期望別人忠實於我們所加諸他們的信賴。如果別人不信賴我們，我們不應該發怒，因為那就是說，他們誠心地讚美「忠實」，認為它少之又少——其稀少會讓我們懷疑「忠實」的存在只是虛幻的。

我們有時這麼想，人們完全無法相信有關我們私人的話，可是他們從未想到要懷疑這些話的真實性，但如果給了他們一絲絲懷疑的機會，他們就會發現絕對不可能再相信它了。我們時常透露什麼事，暴露自己，只是因為我們猜想別人一定注意到了——正如同人會從高空跳下，因為他慌張，換句話說，因為他覺得他已經再也站不穩當，他所處的位置給他的痛苦很大，他認為不如立刻把生命了結。

▍禮貌和尊敬

按語：

對人有禮貌和尊敬是人類的一項基本美德。但，講禮貌並非易事，因為禮貌表示我們對每個人都尊敬，可這世上有些人確實不值得尊敬，所以說，把尊敬和禮貌相結合，實是智慧的傑作。

待人彬彬有禮是非常明智的，而舉止粗魯則完全愚蠢之極。由於有害無益且固執任性的粗野言行而造成對立面，就像把房子建立在火上一樣，簡直是精神錯亂。

蠟——就其天然狀態而言，既硬又脆，然而稍微加點溫則會變得柔軟如泥，可隨心所欲捏成各種形狀。同樣地，儘管人在本性上很容易變得乖戾、刻薄，但只要對他們溫文爾雅，和善友好，你就能使他們變得柔順謙和。因此，文雅之於人性如同溫暖之於蠟塊。

當然，要做到舉止文雅並非易事，它要求我們對每個人都表示出極大的尊重，但有些人卻不值得我們這樣做。而且，它還要求當我們為擺脫與某些人的關係而興高采烈時，還要裝作對他們仍有極大的興趣。將文雅與自尊結合起來真是智慧的一大傑作。

我們應當盡量不要動輒就對一種傷害大發雷霆——傷害這個詞在嚴格意義上來說是我們沒有受到應有的尊敬。一方面，如果我們並沒有對我們自己的價值和尊嚴做如此言過其實的評價——也就是說，如果我們並沒有倨傲自大；另一方面，如果我們已經弄清一個人私下裡將傳給另一個人的意見究竟是什麼，假如人們偶爾聽到自己的熟人在議論自己，假如他們可能受到非議，哪怕是極微小的可能，我們都可以想像出他們的心情。

你絕不能忽略這樣的事實，即溫文爾雅不過是一張笑容可掬的面具而已。倘若這張面具稍微變換一下位置或挪開片刻，定會讓人驚得大叫起來。此時，一個人若的確粗魯無禮，那麼，拿掉面具的他就彷彿脫得一絲不掛，赤裸裸地站在你面前。在這種情況下，他像大多數人一樣一掃往昔之斯文，留下的只是令人厭惡的面孔。

▌該做與不該做

按語：

思維不同，看法有異。別人眼裡一定要做的事，於你或許可以無須理會。做與不做，主要取決於你自己，與他人無關。

對於什麼該做，什麼不該做，你絕不應當以任何某個人做典範，去指導自己的言談舉止，因為不可能有完全相似的地位和環境，性格的差異也使一

個人的行為表現出獨特的風度。因此，同樣的事兩個人做，結果往往大相逕庭。一個人只要對他所謀之事三思而後行，就會順其本性而為之。

結果是，每事各有其獨特之處，否則，一個人的言行必與其本性不符。

▌不可辯駁他人的見解

按語：

絕不可辯駁任何人的見解，因為他相信所有荒唐事物，即使你智商再高，也不可能一件件糾正他。

不要反駁任何人的意見，也不要試圖糾正別人在談話中的錯誤，無論你的用意是如何善良。因為這樣做極易冒犯他人，並且，即使不可能得罪人，想要糾正其錯誤也難乎其難。

假如你偶然聽到兩個人的交談，並為他們荒謬的評論感到惱火，你就應當想像自己是在聽一齣喜劇中兩個傻瓜的對話。

一個人一來到世上就帶著這樣的觀念，即唯有他才真正負有至關重要的使命，如果你安然無恙，就會認為自己的運氣好。

▌意志的亢奮

按語：

意志是人性中原初的、根本的因素，所以人們更願相信你滿懷激情發表的意見是由於你的意志亢奮所致，而不是由於你的意見本身就是熱烈的。

倘若你希望別人接受你的判斷，就應當冷靜、不帶任何感情色彩地將它表達出來。

意志是一切曲解冒瀆所寓之處，如果你充滿激情地表達你的判斷，人們將認為這種判斷完全是意志所為，而非知識的結晶——知識在本質上是冷靜的，不帶任何感情色彩的。

意志是人性中原初的、根本的因素，理智僅僅是衍生物，所以人們更願意相信你滿懷激情發表的意見是由於你的意志亢奮所致，而不願認為意志的亢奮是由於你的意見本身就是熱烈的。

潔身自好

按語：

人的個性是無法改變的，忘記別人的壞德性和扔掉辛苦賺來的錢一樣困難。

虛榮是如此平庸粗俗，而美德極為非凡傑出。假如一個人看起來好像是在自我炫耀，儘管他做得十分隱蔽巧妙，人們也極可能認為他純粹是出於虛榮心而誇獎自己，並且還會認為他居然沒有意識到自己的行為多麼像一個十足的傻瓜。

雖然如此，培根的話不無道理：如若你身遭誹謗時，你若反唇相譏，惡語相還，則會招致報復。自我炫耀同樣如此，結論便是：稍有點自我吹噓還是可以讓人接受的。

倘若你懷疑是一個人在對你撒謊，對此你有充分的理由相信這是真的，但你看起來又彷彿對他的話深信不疑。你的這種表現將會慫恿他繼續撒謊，他將更加振振有詞地堅持自己的說法，到最後終逃不掉玩火自焚的下場。

倘若你察覺一個人正在試圖向你掩飾著什麼，但又不小心露出了蛛絲馬跡，你的樣子表現出你並不相信他。你的這種敵對情緒促使他向你和盤托出事情的全部過程，會竭盡全力以打消你的不信任和疑問。

若有可能，任何人都不應當感到仇恨和憎惡。用心觀察、體會一個人的行為方式，以便衡量評判其價值——無論如何，僅與你自己有關——你會因此而以他的行為方式為楷模。但是，絕不要忽略以下事實，即品性是很難改變的，忘掉一個人品性中的瑕疵如同扔掉辛苦掙來的錢一樣萬分困難。因此，你應提防那些不明智的親密和愚蠢的友好可能造成的後果。

既不屈從於愛，也不臣服於恨，這也只能算得上是半個處世智慧，還須加上什麼也不說，什麼也不信，才算得上完整。的確，這個世界需要的便是這樣的準則，一個人唯有依賴這兩條準則，才能幡然醒悟而不為所蔽。

為表示你對所說之事或所見之事不平而怒氣衝衝地對人說話，這樣的舉動是多餘的、危險的、愚蠢的、可笑的和粗俗的。

絕不應當對他人流露出生氣或憎恨的情緒，除非施之於你自己。感情會對行為產生極大影響，因此在任何情況下都不要表現它們。因為只有其螫刺有毒的冷血動物才會這樣做。

精明人處世慣用的計謀便是說話模稜兩可。它意味著讓別人去揣摩你的意思，倘若聽話者反應遲鈍，則根本掌握不住你說的話。與此相反，倘若你說話意思明確，則能抓住聽話者的注意力，但結果往往出乎你的意料之外。倘若你舉止文雅，語調柔和，那麼，你可以公然非禮，甚至間接地冒犯聽話者也沒什麼關係。

▎守口如瓶

按語：

是祕密，就不要予以公開，如阿拉伯諺語曰：不告訴敵人的事，也別告訴朋友。

你應該對你的個人隱私保密，在這一方面，無論你面對的是你最親密的朋友還是一個完全陌生的人，讓他們，也只能讓他們知道他們看得見的東西，因為，隨著時間的流逝、環境的變遷，你將會發現即便讓他們知道你的有關無傷大雅的事，也是極為不利的。

一般來說，沉默不語比高談闊論更能顯示你的智慧。因為沉默是老成的感覺，而多言則給人以輕浮之感。但是，愚蠢的人們往往願意享受暢言所帶來的瞬間滿足，而不願選擇沉默所致的恆常裨益。

精神旺盛、生氣勃勃的人能從高談闊論中體驗到一種寬慰，但不應沉湎於其中，更不能使它變成一種習慣。凡自稱能教人以人生智慧者，無一不極

力推崇沉默寡言，並列舉各種理由證明這一點，有幾條阿拉伯諺語對這個問題有過很好的總結：

不告訴敵人的事，也別告訴朋友。

祕密受我監管，我為主人；祕密遁我而去，則我為囚徒。

緘默之樹結出寧靜和平之果。

第五章 愛與恨，生與死

　　人生就像一家糖果店，貨物應有盡有，形形色色——卻全部都是用同樣的糖漿做出的。不以物喜，不以己悲。不管命運如何坎坷不平，我們都應該坦然面對。人生不可能永遠幸福，也不可能長久地陷於不幸。正所謂「得意不忘形，失意不失態。」

▋性慾

　　按語：

　　性慾是生存意志的核心，是一切慾望的焦點，是一種最激烈的情慾，是欲望中的欲望，是一切欲求的彙集。唯有藉此才得以與其他現象結合，使人類綿延永續。

　　性的關係在人類生活中扮演著重要任務。它是人類一切行為或舉動之不可見的中心點，戴著不同的面具，到處出現，愛情事件，是戰爭的原因，也是和平的目的；是嚴肅正經事的基礎，亦是戲謔玩笑的目標；是智慧無盡的源泉，亦是解答一切暗示的鑰匙——男女間的眉目傳情、互遞暗號等這一切都因愛情所致。不但年輕人，有時連老人的日常舉動，都為它所左右。純潔的少年男女，經常沉湎於愛情的幻想，一旦與異性有了關係的人，更不時為性愛問題而煩惱。

　　戀愛，所以始終能成為最豐饒的閒談題材，在於它的根底乃是一件非常嚴肅的事情，但這人人都關心的重大事項，為何總要避開他人耳目，偷偷地進行呢？頑固的人甚至裝出視若無睹的姿態，這顯示出這個世界是多麼奇妙可笑。

　　不過，話說回來，性愛才是這個世界真正的世襲君主，它已意識到自己權力的偉大，倨傲地高坐在那世襲的寶座上，以輕蔑的眼神統治駕馭著戀愛，當人們盡一切手段想要限制它，隱藏它，或者認為它是人生的副產物，甚至當作毫不足取的邪道時，它便冷冷地嘲笑他們的徒勞無功。因為性慾是生存

意志的核心，是一切欲望的焦點。不單如此，甚至人類也可說是性慾的化身，因為人類的起源是由於交媾行為，同時兩性交合也是人類「欲望中的欲望」，並且，唯有藉此才得以與其他現象結合，使人類綿延永續。

誠然，求生意志的最初表現僅為維持個體而努力，但那不過是維護種族的一個階段而已，它對種族的熱心，思慮的縝密深遠，以及所持續的時間長度，都遠遠超出對個人生存所做的努力。因此說，性慾是求生意志最完全的表現和最明確的形態。

性慾是一種最激烈的情慾，是欲望中的欲望，是一切欲求的彙集，而且，如獲得個人式性慾的滿足——針對特定的個體，就能讓人感覺到擁有一切，感覺置身於幸福的海洋或是獲得了幸福桂冠；反之，則感到一切都失敗了。

▌性愛

按語：

性愛是一個永恆的話題，無論時空、無論地域，有人存在的地域就有性愛。性愛是所有戲劇作品的主要題材，這裡既有悲劇，也有喜劇；既有浪漫劇，也有古典劇，世上沒有任何題材比性愛更能吸引人的興趣。

性愛是所有戲劇作品的主要題材，這裡既有悲劇，也有喜劇；既有浪漫劇，也有古典劇；既有出自印度的，也有產自歐洲的。性愛是絕大部分抒情詩和史詩作品的素材。

我們有過的經歷證實了我們對某一異性的熱烈、但可被控制的喜愛，在某些情形下，會演變成一種強烈無比的激情。到了這時候，人們就會不顧一切險阻，以令人難以置信的力量去克服一切困難。為了滿足這一激情，人們甚至毫不猶豫地拿生命去冒險；倘若這一激情確定無法獲得，人們甚至甘願放棄生命。

這樣的實例不勝枚舉，英文和法文報紙所登的警察報告就是對此學說最好的證明。不過因這一狂熱激情而進入瘋人院的人更是數不勝數。當然，每年我們還會聽說一、二樁動情的殉情案例：當事人由於外在因素的阻撓而無

法結合，最後選擇共赴黃泉。這樣淒絕的愛情讓人心靈顫抖，同時也讓人頗感費解：如此相愛至深的人，為何會採取這最極端的手段：脫離一切關係，忍受多種不便，把這對於他們來說至高無上的幸福，連同自己的生命拱手讓出。至於那些平淡的愛情，每天我們都有目共睹。

　　所有的愛慾激情，無論它擺出一副如何高雅飄渺、不食人間煙火的樣子，都只是根植於性慾之中，它的確就是一種更清楚明確、具體特定、在最嚴格意義上個人化了的性慾。牢記這一事實以後，我們現在來考察一下性愛所扮演的重要角色，不僅在戲劇和浪漫小說裡，同時也在這世界的現實生活當中──在這裡，性愛表現為至為強勁、活躍的推動力，它僅次於對生命的愛；它持續不斷地占去人類中年輕一輩的一半精力和思想；性愛是幾乎所有願望和努力的最終目標；至關重要的人類事務受到它的不利左右，每過一小時人們就會因為它而中斷正在嚴肅、認真進行的事情，甚至最偉大的精神、頭腦也間或因為它而陷入迷惘和混亂之中，它無所顧忌地以那些毫無價值的東西干擾政治家的談判、協商和學者們的探索、研究；它會無師自通地把傳達愛意的小紙條和髮束偷偷地夾進甚至傳道的手拿包、哲學的手稿裡。每天它都挑起或煽動野蠻者之間的爭執鬥毆，解除人與人之間最珍貴的聯繫，破壞最牢不可破的團結，它要求我們時而為它獻出健康或生命，時而又得奉上財富、地位和幸福；它可以使先前誠實可靠的人變得失去良心、肆無忌憚，把一直忠心耿耿的人淪為叛徒。總之，性愛就似一個充滿敵意的魔鬼──它執意要把一切都顛倒過來，弄成一團糟。

　　古往今來，文學家樂此不疲地透過無數事例，把愛情的這些心醉神迷和傷心欲絕表現出來，因為沒有任何其他題材能比性愛更加吸引人們的興趣。由於這一題材涉及種屬的喜怒哀樂，而其他各類題材只關乎個性的事情，所以，它與其他題材的關係就像一個實體與這一實體的某一表白的關係一樣。正因為這樣，一部戲劇如果缺少了愛情情節，那它就很難吸引觀眾的興趣；並且，無論人們如何周而復始地重彈這一老調，它也永遠不會有窮盡的時候。

　　愛慾所帶來的渴望和思慕──這同樣是各個時代的文學家運用難以勝數的方式沒完沒了地抒發，但又永難窮盡的主題；他們甚至做得還遠遠不夠。

這種渴望和思慕，把得到某一特定的好與享受無盡快樂的想法緊緊地聯結了起來，一旦想到不可能占有這個女子就會感受到無以名狀的痛楚。愛慾的這種渴望和痛苦不可能出自一個匆匆而逝的個體所能有的需求；這些渴望和痛苦其實是種屬精靈發生的嘆息——這種屬精靈在此看到了能夠達至其目的的無可替代的手段；它要麼得償所願，要麼眼巴巴看著機會失之交臂；它因此發出沉重的呻吟聲。唯獨種屬才會有無盡的生命，並因此具備能力擁有無盡的渴望、無盡的滿足和無盡的痛苦。這些東西現在都被囚困在一個凡夫的狹窄胸膛之內，這也就難怪他的心胸似乎都要爆裂了；並且，儘管胸中充滿了無盡的酸、甜、苦、辣，但卻又無法找到言語直抒胸臆。因此，這些也就成為所有偉大情愛詩篇的素材——這些詩篇據此採用了超驗的、翱翔於塵世之上的形象比喻。

一般來說，激情都是在看到對方的第一眼燃起。馬迪奧‧阿勒曼在《皆大歡喜》裡這樣寫道：深愛的戀人，有誰不是一見就鍾情的呢？在頗負盛名的浪漫愛情小說《阿爾法拉契人的古斯曼》裡，有這樣一段在描寫愛情方面引人注目的言論：「人們真要相愛的話，是無須花費很長時間的，也不需要煞費心思和做出某種選擇的，就在初次的唯一的眼裡，男女雙方都已有了某種投契和一致，或者，就像我們在日常生活中所習慣說的；他們本身氣味相投，而星宿的某種特殊影響促成了這一件事情。」

據此，失去所愛的人，對於熱戀中的人來說，甚於任何其他的痛苦，它不僅涉及個人，而且還涉及個人所具有的長久、永恆的本性和種屬的生命。因此，出於愛情的嫉妒是那樣的厲害和折磨人，而放棄我們的戀人則是所能做出的最大犧牲。一個英雄以慟哭、悲傷為恥，但源自愛情的除外。因為在這裡，慟哭流涕的不是他這個人，而是他的整個種屬。在此之前一直壓倒了多種利害得失的榮譽和尊嚴，一旦在性愛，亦即種屬的利益加入戰局，並看到了更大的利益所在之後，就馬上夾著尾巴潰滅了。這是因為性愛相對純粹體的利益占據著絕對的優勢，不管後者有多重要。

因此，榮譽、責任、忠誠能夠抵擋住其他的誘惑，卻無法抵擋性愛的招喚。同樣，在私人生活裡，沒有哪些方面比性愛問題更讓人缺乏認真態度的

了。那些在其他方面相當忠誠、老實和公正的人，一旦強烈的性愛，亦即種屬的利益，俘虜了他們，有時會變得輕率和隨便，無所顧忌地做出通姦行為。

　　一個處於熱戀狀態的人常會有滑稽性的，時而又是悲劇性的表現，這兩種情形之所以出現是因為一旦被種屬精靈所占據，個人也就任之擺佈，再也不是屬於自己了，這樣他的行為與他的個人就不相一致了。處於強烈的愛慾狀態時，一個人的思想會沾上某種詩意的、崇高的色彩，甚至帶有一種超驗的和超越肉體的傾向；所以，他再也無法看清自己真正的、屬於自然和肉體的目的。造成這一切的根本原因就在於此時此刻的他正受到種屬精靈的鼓勵。

　　那麼，為何戀愛著的男人把全部身心交付出去，誠惶誠恐地看著對方的眼角，隨時準備著為她做出種種犧牲？因為渴求他的是他身上的不朽部分，而渴求其他任何別的都永遠只是他身上的可朽部分而已。那種目標指向某一特定好的迫切、甚或熾熱的渴望，就是證實我們那不可消滅的本質內核以及它在種屬延續著生存的直接憑據。

　　我們可以看到每個人都在窮於應付生活中的困苦和折磨，竭盡全力去滿足沒完沒了的需求和躲避花樣繁多的苦難；人們所能希望的不外乎就是把這一充滿煩惱的個體生存保存和維持一段短暫的時間，在這一片喧嚷、騷動之中，我們都看到兩個戀人百忙當中，互相投向對方充滿渴望的一眼；何以這樣祕密、膽怯、躲躲閃閃？因為這些戀人是叛變者——他（她）們在暗中爭取那要不是這樣很快就會終結的全部困苦和煩惱；他們打算阻止這一結局的到來，就像其他像他們那樣的人在這之前所成功做了的一樣。

▌戀愛的激情

　　按語：

　　戀愛的激情達到一定高度，便會產生新個體。至於新個體開端如何？其人生的要點如何？就要看他父母在互相愛戀的瞬間是何種情況而定。

　　戀人之間愛情的增進，不外乎是希望產生新個體的生存意志而已。不但如此，在情侶們充滿愛慕的眼神相互交接的一瞬間，便開始燃燒著新生命的

火焰，像是告訴他們，這個新生命是個很調和並且結構良好的個體。為此，他們產生需要融合為一體而繼續共同生存的熱望，這種熱望在他們所生育的子女中得到實現，兩人的遺傳性質融合為一，在子女身上繼續生存。反之，男女間若難以激起情愫，甚或互相憎惡怨恨，即使可以生育，其子女的內在體質亦必是不健全、不調和的。所以，在加多特重筆下，儘管先把莎密拉密絲稱為「空氣女郎」，但後來仍把她描寫成謀殺親夫的恐怖女人，這裡實在隱含著深刻的意義。

因此，兩性之間之所以具有強烈的吸引力和緊密的聯結，就是由於各種生物的種族意志之表現。這時的意志，已預見到他們所產生的個體，很適合意志本身的目的和它本質的客觀化。這個新個體，意志（即個性）是遺傳自父親，智慧遺傳自母親，而同時兼容兩者的體質，但大致來說，姿容方面比較近於父親，身材大小方面則多半類似母親。這是根據試驗動物的變種所產生的法則，這個法則的主要言論基礎是：胎兒的大小依據子宮大小而定。至於各人特有的個性究竟如何形成，我們還無法說明，正如我們亦無法解釋熱戀男女那種特殊的激情一般。至於新個體開端如何？其人生的要點如何？就要看他父母在互相愛戀的瞬間是何等情況而定了。

就像世人所常說的，當男女以憧憬的眼神，互相交會的那一瞬間，便已產生新個體的最初萌芽。當然，這時的幼芽也像一般植物的新芽，脆弱而且易折。這個新個體即所謂的新觀念。一切理念都是非常貪婪激烈的獵取分配予他們的材料，努力著登上現象界。同樣，人類個性的特殊理念，亦以最大的貪慾和最激烈的態度，以便在觀念界中能實現他的目標。這種貪慾的激烈程度，決定於戀人之間的熱情。男女之間的熱情有很多等級，我們姑且將它的兩極端稱為「平凡的愛情」及「天上的愛情」。從它的本質來看，本來是相同的，無所謂等級的差別，只是若熱情越趨個人化──換言之，被愛者的一切條件和性質，越能適應滿足愛者的願望要求──則越能增加力量而已。那麼，問題的關鍵何在呢？吸引異性的首要條件是健康、力與美，也就是說，戀愛的本錢是青春；其次，當戀情進入下一個階段後，即出現若干特別的要求，有了這些要求，同時彼此評估能滿足自己的貪心時，感情就能逐漸升溫。

但要想產生最高度的激情，則只有兩個人都覺得非常合適的時候才行，因為，這時父親的意志（個性）和母親的智慧合而為一，於是，新個體宣告形成。

女人

按語：

法國詩人瓦勒里說：聰明女子是這樣一種女性，和她在一起，你想要她多蠢，就可以多蠢。一個不能使男人感到輕鬆的女人，即使她是聰明的，至少她做得很蠢。

法國大作家朱伊說：「倘若沒有女人，在我們生命的起點將失去扶持的力量；中年失去快樂；老年失去安慰。」拜倫在他的劇作《薩達那帕拉》中這樣寫道：「在人類呱呱墜地之始，就必須靠女人的乳房才能賴以生長；嬰兒的牙牙學語也是出自女人的口中所傳授；我們最初的眼淚是女人給我們溫柔的撫慰；我們最後一口氣也大都是在女人的身畔吐出來，在一般男人猶豫不決時，她們出來為曾指揮自己的男人做臨終的守護。」

朱伊和拜倫的話，都頗能真切、具體、傳神道地出女人的價值所在。

因為只須從女人的體態來看，便可瞭然女人天生就不適於從事精神上或肉體上的重大工作，最適於擔任養育嬰兒及教育孩子兒童的工作。她們的思想是介於男性成人和小孩子之間。一個少女能夠一年到頭成天和小孩一起唱歌、跳舞、嬉戲、打發歲月，但是，要換成男人，卻顯然無法像女人那樣能耐下心來。

造物者似乎把戲劇中所謂的「驚人效果」應用在年輕女孩身上。造化給她們的財富只是短短幾年的美麗，只賜予她們暫時的豐滿和魅力──所以在這短暫的幾年間，她們可以虜獲男人的愛情，叫男人承諾對她們的照顧──直到死亡。因為欲使男人動心以致承諾，光憑理性的成熟還不能確保有效。是以上蒼創造女人和創造萬物一般，採用經濟手段，只是在生存必需時才賦予她（它）們需用的武器或器械。雌蟻在交接之後，便失去翅膀，因為翅膀

已成多餘，並且對於產卵和撫養還是一種危險；同樣的道理，在生下幾個小孩之後，一個女人通常也失去了美麗和嬌豔。

所以，在年輕小姐們的心裡，她們唯一時常惦記的不外乎是如何戀愛、怎樣虜獲男人，以及與此有關的事情，如化妝、跳舞等等。

宇宙萬物中，越是優秀，越是高等，他們達致成熟的時間就來得越遲。男人在二十八歲以前，理智和精神能力成熟的並不多見，女子卻在十八、九歲便屆成熟期。雖說「成熟」，她們在理性方面仍是十分薄弱，所以，女人終其一生也只能像個孩子。她們往往只看到眼前的事情，執著於現實，其思維僅及於皮相不能深入，不重視大問題，只喜歡那些雞毛蒜皮的小事。

女人的理性薄弱，由此帶來的利與弊，也遠較男性少。不，應該說女人是精神上的近視者更為恰當，她們直覺的理解力，對周身的事物，觀察力非常敏銳，但遠距離的東西則無法入目。因此，凡是在她們的視界中不存在的，不管是過去、現在還是將來，她們都能漠不關心、無動於衷。對此的厲害程度，有時幾近瘋狂。女人的浪費癖就是導因於這種心理，在她們的觀念中，認為賺錢是男人的本分，而盡可能花完它是她們應盡的義務。女人生活於現實中，所以她們很瞭解及時行樂的道理。

女人比男人具有憐憫之心，所以，對那些不幸的人或事容易表現出仁愛和同情的言行、舉止。但由於現實的心理，關於正義感、誠實、正直等德性，卻比男人為劣。這是因為女人理性的薄弱，所以只有現實、具體、直接的東西能在她身上發生作用，對於與之相反的抽象思想、堅定的決心以及那些有關過去、未來或遠隔的事物，她們根本無暇顧及，也不願去想它。

女人是弱者，沒有雄渾的力量，造物者就賦予她們一種法寶──「狡計」賴以生存。她們天生就有譎詐、虛偽、說謊的本能。造物者使男人具有強壯的體魄和理性，對女人也賦予防禦武器的力量──佯裝的力量。虛偽和佯裝可以說是女人的天性，即使是賢女和愚女也沒有太大的差別。所以她們便盡量利用機會，運用這種力量，這是天經地義，順理成章的事。在某種程度內，她們覺得如同在行使自己的權利一樣。因此，絕對誠實而沒有半點虛偽的女

人很難一見。正因為此，女人對男人的虛假極容易發覺出來，因此，我們還是不要以虛偽對待女人才是上策。

男人和男人間可以漫不經心地相處，女人則似乎生來就彼此互相敵視，商場中所謂「同行相忌」的心理，在男人來說，只有在某種特殊的情形下才會發生，然而女人不同，女人總有一種獨霸市場的心理，她們憎惡所有的同性女人，就連在路上相遇，也能彼此怒目相向。男人們當著晚輩或下屬面前，尚能保持若干的客套和人情味交談；而高貴的婦女，和身分較低賤的女人談話，態度大抵都很倨傲，大有不屑與之一談的神氣。

唯有理性被性慾所矇蔽的男人，才會以「美麗的天使」——這個頭銜贈給那矮小、窄肩、肥臀、短腿的女人，因為女性的美實際上只存在於男人的性慾衝動之中。因此，我們不能對女人期望太多。哈爾德在他的名著《對於科學的頭腦試驗》一書中，就曾下過這樣的斷言：「女人缺少任何高等的能力。」除了少數的例外，這是不容否認的事實。

▊愛與恨

按語：

愛有多深，恨便有多深，愛到深處多是恨。

即使一個一生生活最平淡的人，他的戀愛也是很富詩意的插曲。這種情形的戀愛故事，多半呈喜劇。當感情達到最高度時，這種幻想迸發出燦爛的光輝，如果不能與愛侶結合，便會頓感人生空虛乏味，連生命也喪失所有魅力了，此時，他對人生的厭惡已戰勝了對死亡的恐懼，有時甚至自殺了斷以求解脫。

話說回來，並非戀愛的熱情無法得到滿足，才招致悲劇的結局。「圓滿」的戀愛，收場不幸的恐怕比幸福的還多。這是因為激情所要求的，與當事者的周遭環境不但不能相一致，而且還破壞了他的生活計畫，以致往往嚴重地損傷了他個人的利益。戀愛不但會與外界環境相衝突，連和戀愛者自身的個性也常相矛盾，因為撇開性的關係，來觀察你的戀愛對象，也許那還是你本

來所憎厭、輕蔑或厭惡的異性。但由於種族意志遠較個體意志強烈，使戀愛中人對於自己原來所討厭的種種特徵，都閉著眼睛毫不理會，或者給予錯誤的解釋，只企求與對方永遠結合。戀愛的幻想就是如此的使人盲目，但種族的意志在達成任務之後，這種迷妄便立刻消失，而遺下了可厭的包袱（妻子）。因此，古人常說：愛神是盲目的。

最後，再談談一種對其對象極端憎惡的性愛，柏拉圖把這情形比擬成狼對羊的戀愛。這種狀態完全是一廂情願的，儘管男方愛得如醉如痴，如何的盡力，如何的懇求，對方也充耳不聞，這就產生了莎翁所說的：「愛她又恨她！」（「I love and hate her」）。

這種愛恨交織的心理，有時會造成殺人後繼而自殺的局面，我們每年都可以從報紙發現兩、三起這種實例。歌德說得好：「被拒之戀，如置身地獄之中，我真想知道是否還有比這更令人憤怒和詛咒的事情？」（《浮士德》中，魔鬼梅菲斯特所說的話。）

戀愛時，對戀人示之以冷淡，甚至以使對方痛苦為樂，我們將它稱為「殘忍」，實在並不過分。同時，這也是戀愛中常有的事。因為，戀愛中人當時已被本能的衝動所支配，毫不理會理性所列舉的各種道理，無視周遭的一切事情，只知絕對地追求自己的目的，始終不鬆懈、不放棄。從古到今，因戀愛的衝動未得到滿足，腳上像拖著沉重的鐵塊在人生旅途上踽踽獨行、在寂寥的森林中長吁短嘆的，絕不止佩脫拉克一人，只是在這煩惱的同時又具備詩人素質的，只有佩脫拉克一人而已。歌德的美妙詩句：「人為煩惱而沉默時，神便賜予他表達的力量。」這正是佩脫拉克的寫照。

事實上，種族的守護神和個人的守護神，無時無地不在戰爭，種族守護神是個人守護神的迫害者和仇敵；它為貫徹自己的目的，時刻都在準備破壞個人的幸福，有時連人民全體的幸福也變成種族守護神反覆無常下的犧牲品。莎翁《亨利六世》第三部第三幕的二、三場中，就可看到這種事例。為什麼會發生這樣的事情呢？只因為人類本質的根底是種族，它是有比個人優先存在和優先活動的權利。我們的祖先，很早就發現個中道理，因而借丘比特的

外形來表現種族的守護神，他的容貌天真得像兒童，然而，卻是殘酷而又充
滿惡意的惡神，也是專制、反覆無常的鬼神，同時又是諸神和人類的主人。

帶著殺人的弓箭，背附翅膀，這是丘比特的形象。翅膀象徵戀愛的善變
無常，但這裡的「無常」通常只有在欲望滿足後引起幻滅感覺的同時才表現
出來。

希臘俗諺對此有過很好的歸納：「愛神啊！你是統治諸神和人類的暴
君！」

▎結婚

按語：

**婚姻如同圍城，城外的人想進去，城裡的人想出來，永不間斷。事實上，
幸福的婚姻並不多。因為結婚的本質，其目的並不為現在的當事者，而是為
未出世的兒女著想。**

戀愛的結婚是為種族的利益，而非為個人。當然，這情形當事人並無所
知，還自以為是在追求自己的幸福。不過，由於它真正的目的在於他們可能
產生的新個體上，因而當事人知道與否，無關緊要。他們因這目的而結合，
然後再盡可能努力取得步調的和諧。但激情的本質是本能的迷妄，由此而結
合的夫婦，有許多不同之處，當迷妄一旦消失，相異的素質便昭然出現。

因此，戀愛結婚，通常結局都是不幸的。對此，有一句西班牙諺語說得
非常貼切：「戀愛結婚的人，必定生活於悲哀中。」因為婚姻原本就是維持
種族的特別安排，只要達成生殖的目的，造化便不會再惦記嬰兒的雙親是否
「永浴愛河」或只剩一日之歡。相反地，由雙方家長安排以利益為目的的所
謂「策略聯姻」，反而往往比愛情的結合幸福些，因此種婚約，能顧慮到種
種因素條件，不管這些條件何其繁多，至少它具體實在，不會自然消失；其
他總以結婚當事人的幸福為著眼，當然，它對後代子孫是不利的。

但從另一角度來看，若面臨婚姻抉擇的男人，只著眼金錢而不顧自己熱
情的滿足，這是為個體而生存，並非為種族；此種表現是違反真理、違背「自

然」原則的，因此，易於引起他人的輕蔑。相反地，為愛情而不顧親人的勸告和阻撓而毅然結婚的女人，在某種意義上是值得讚揚的。因為當她父母以自私的利己心做忠告時，她卻抉擇了最重要的原則。

依照以上所述來看，當結婚時，似乎是魚與熊掌無法兼得，一定得犧牲個體或種族兩者中的一方。事實的確如此，愛情和現實的顧慮能夠攜手並進是一種罕有的幸運；同時，多數人在智慧、道德及肉體上，都有瑕疵，結婚時原就基於愛情或純粹的選擇，往往是從各種外在的顧慮而決定，或在偶然的狀況下結合。當然，策略聯姻，也可以在講究原則之餘，兼顧到某種程度的愛情，這就是所謂和種族的守護神取得妥協。

有資料顯示，幸福的婚姻並不多，因為結婚的本質，其目的並不為現在的當事者，而是為未出世的兒女著想。但倘若性愛附上「性向一致」的愛情，也可能締結真正白頭偕老的夫妻，這是從完全不同的根源所產生的感情，彼此以最柔和的心情，互相慰藉。然而它的發生幾乎在性愛獲得滿足而消失之後，才表現出來。

▌性愛的倒錯

按語：

性愛的倒錯，其行為雖極為罕見，但據資料顯示，這種行為時不論古今，地不分南北，處處都有發生過。對性愛的倒錯行為，仁者見仁，智者見智，也無須定論。

男性同性戀就其症狀而言，是違反自然，是極端令人不齒、令人擔心的怪現象。這種行為是非常罕有的，但根據實際經驗來看，便可發現事實正好相反。這種惡性，雖然可鄙可惜，卻是時不論古今，地不分南北，處處都有發生過，而且屢見不鮮。

眾所周知，在希臘和羅馬時代，這種情形相當普遍，不但可以無所顧忌，不以為恥地公開談論，還能公然行之。這從很多作家的作品中可以得到證實，尤其詩人，幾乎沒有一個不描寫這方面事情的，就連那貞潔的羅馬詩人維吉

爾也不例外。哲學家對此問題也津津樂道，尤其柏拉圖，照他的著作讀來，他幾乎不知道人間尚有其他愛情。亞里斯多德也把男性同性戀現象視為普通事情，並沒加以責難。居多特人更把它公開化，且予尊重。羅馬政治家西塞羅說：「在希臘人中，一個青年如果沒有『戀童』是一種恥辱。」這樣的例子舉不勝舉。

中世紀時，任何國家對這種行為均處以極刑，法蘭西到十六世紀，仍明文規定處以火刑，義大利在十九世紀初葉的三十年間，尚毫無通融地處以死刑。可知為了防止這類事情，是有必要做出嚴厲處置的。此種辦法雖有一時之效，卻無法根絕。不管什麼時代，在什麼場合，什麼國度，它總戴著最隱祕的面紗暗中進行，往往在你意想不到的地方倏然出現。

因此，從這種現象的普遍和不易根絕的事實，我們能證明那是與人類的天性俱來的。賀拉斯說得好：「天性，即使你用耙子趕它出去，它也會立即再回來。」僅僅憑著這點理由，它就可能經常在各個角落出現。因此，我們絕對無法避免這事實。我們雖可輕易地為這事實歸納出結論，也可和普通人一樣指斥非難這種習慣，但這絕不是處理問題的方法。因此，我們應該徹底去探求真理，發現真相，找出事實的必然性結論。

首先，我們要找出亞里斯多德《政治論》第七章十六節其中的幾段，作為言論的基礎。根據他的見解，認為太過年輕與老邁，都不宜再生育。因為所生子女，不論肉體或精神，大都不健全，不是瘦小，就是羸弱。他將此點定為個人應奉行的準則，對於一般社會則這樣進言：「為下一代身體的強壯和健康著想，結婚年齡不宜太早或太遲，因為這兩種情形都不能使他們的子女滿足，結果只有生育虛弱的子女。」

因此，亞里斯多德建議，凡是五十四歲以後的人，不論是因為健康或其他各種理由，縱使尚有性行為能力，也不能讓他們生兒育女。若在這種年齡懷孕時，可以墮胎方法行之，以為善後。

造化無法否認亞里斯多德上述事論的真實性，根據「自然不是飛躍的」原則，地上所有生物都是逐漸衰老退化的，它無法使男人的精液分泌驟然而止，然而它所最惦記的又是種族的純淨，它所關懷的是素質健全良好的個體。

但事實上，這期間的生殖大都是生育身體羸弱、愚鈍、病魔纏身或早夭的後代，同時，這些後代將來還會把這些素質傳給下一代。

因此，自然在這種法則和目的的衝突下，往往陷於窘困不堪的境地。正如亞里斯多德所說，自然在其本質上，實在不願採取任何強制手段。同樣地，人們雖明知晚婚或早婚都有害於生殖，也無法期待他們以理性的冷靜思慮來控制自己的情慾，於是，造化最後只有本著：「兩害相權取其輕」的原則，採取最後一途，利用它慣用的道具──本能。這種本能不論任何場所，都在指導生殖工作，並能製造出一種奇妙的幻想來。但在目前，只有把人們的情慾引入雅途，才能達成造化的目的。總之，造化的心目中只有形而下的東西，根本不知道德為何物。不僅如此，造化和道德甚至根本是背道而馳的東西，它只想盡可能完全保持自己一貫的目的，尤其是種族目的。在肉體方面亦復如此，男人陷於同性戀雖然有害，但兩害相權之下，於是造化就選擇它作為種族惡化的預防劑。

由於造化的顧慮於此，所以男人的同性戀，大抵在亞里斯多德所揭示的年齡後，才徐徐滋生，隨著生育健壯子女能力的衰弱，而漸次表現得更明顯。這是造物的安排。但有一點要注意的是，從產生同性戀傾向到形成為止，其間的距離非常遠。古希臘、羅馬或亞洲人，因未有防範的措施，易受實例的鼓舞而養成習慣，以致蔓延得相當廣泛。反之，歐洲各地，由於宗教、道德、法律、名譽等諸種強力的動機予以屏斥，所以使人連想都覺得有所忌憚。

男人一旦形成同性戀傾向，慢慢對女人感到冷淡，嚴重者則由厭生憎。且男人的生殖力越減退，反自然傾向越具決定性，於是造化便完成了它預防種族惡化的目的。因之，同性戀完全是老人的惡習，壯年男人倒沒有此種現象，這實在是令人難以理解的事。當然，其中也有例外，但那是人生殖力偶然提早退廢的結果。造化為預防惡劣的生殖，所以把他們轉移到別的方向。

希臘作家普魯塔克曾說：男性同性戀是人生盛年期過後所產生的灰暗愛情，以之驅逐固有的純潔愛情。「諸神中有男性愛人的，不是馬斯、阿波羅、巴卡斯、梅爾克等，而是年老的宙斯、赫拉克里斯──但是，東方各國因行一夫多妻制度，女性大有不敷分配的現象，所以不得已才發生與此相悖的例

外。——其次，未成熟的精液，也與老年人的衰退相同，只有生羸弱、惡劣、不幸的後代。所以，某些青年朋友間往往也有同性戀的欲望，但因青年期還能以純潔、良心、羞恥等加以抵抗，所以，實際養成惡習的，並不多見。

綜上得知，男人同性戀實是造化為預防危害種族而採取的一種間接手段。本來，生殖力的老衰和未成熟，可以道德上的理由中絕他們的生育，但我們不能有這樣的期待，因為自然的工作中，本來就不考慮道德問題。

總之，因為不幸的生殖，有著使全種族漸趨墮落之虞，造化有鑑於此，乃從最大的目的著眼而作防患未然之計。而且，當它選擇手段之際，是毫不猶豫的。造化之所以容許這兩種惡劣的事發生，無非是為了避免更大的不幸。

▍禁慾

按語：

禁慾的第一個步驟便是，不論任何情況下都不追求性慾的滿足，禁慾藉此超越個人的生存，進而否認意志的肯定。除實行禁慾外，否定意志的另一條途徑便是默認命運所決定的痛苦。

（1）禁慾的禮讚

當個體化原理的迷惘面紗高舉在一個人的眼前時，此人即無「人我」之別，對別人的痛苦就像對自己的痛苦一樣寄予關心，他不僅會盡自己的最大力量協助別人，並且，為解救大多數人甚至可以犧牲自己。循此以進，倘若一個人認識最內在的真正自我，他必然願意以一身承擔生存以及全世界的痛苦。對他而言，一切災難痛苦並不是旁人的事，他不會眼睜睜看著他人苦惱而無動於衷，只要他間接得知——不，只要認為別人有苦惱的可能，對他的精神就會產生相同的作用，因為他洞察個體化原理，所以，對一切都有息息相關的感覺，不像被利己心所束縛的人，眼中只有自己的幸與不幸，他能認識全體並掌握其本質，更能看穿一切都是不停流轉，人生是苦惱與紛爭的連續，人類只是繼續著毫無意義的努力。他所看到的只有苦惱的人類、受痛苦擺布的動物和沒落的世界。

被利己之心所俘虜的人，只認識個別的事物，只瞭解它們與自己的關係，而且它們還是出奇翻新的，經常成為欲望的動機。相反地，若認識整體的關係及其本質的人，則可以鎮靜一切欲望，開拓一條途徑，擺脫意志，進而達到以自由意志為基礎的諦念，諦觀和完全無意志的境地。當然，被迷惘之面紗所隱蔽的人，本身或許亦曾遭遇過深刻的苦惱，或曾接觸過他人的痛苦，而感覺到生存沒有意義只存痛苦，此時，他們也許希望永遠而徹底斷絕一切欲望，使自己純化、淨化。然而儘管他們為此努力，但仍很難避免受偶然和迷惘所誘惑，諸種動機復使意志重新活動。因此，他們永遠無法解脫。

被迷惘所惑的人，只要偶爾在眼前或立足之處發現「涼快」的地方，便可得到慰藉，但洞察個體化原理，認識本體本質即認識其整體的人，並不因此而滿意，他一眼便看穿當下的形勢，因而迅即離開，擺脫意志，並否定反映於本身現象中的存在，其最明顯的表現便是從修德轉移至禁慾，即他已不能滿足於「愛別人如愛自己」的仁心，而是對產生意志的現象以及充滿苦惱的世界本質產生嫌惡。

具體來說，他已停止對物質的需求，時刻警惕使意志執著於某種事物，在心中確立對任何事都持漠不關心的態度。如一個正常的人，必透過肉體的生殖器表現性慾，但洞察個體化原理的人則已否定了意志，他譴責自己的肉體、揭穿它的陰謀，因此，不論任何情況下都不追求性慾的滿足。這是禁慾的第一個步驟。禁慾藉此而超越個人的生存，進而否認意志的肯定，他的意志現象遂不再出現，連最微弱的動物性亦皆消失。

（2）聖人們

一般的世界史，對於最能闡明我們的觀點——否定意志的代表性人物的生涯，持沉默的態度，因為世界史的題材、性質完全與此不同——不，應該說完全對立。綜觀其內容，不外在於說明無數個體的求生意志現象，並加以肯定。這些留名青史的人物，不管是以心機權術而取得優勢，或利用群眾施展其暴力，還是命運人格化的「偶然」發揮所致，但在我們眼前展現的卻是，任何的努力終歸枉然，結局仍是一場空。

所以，作為一個哲學家，不必徒然追求在時間中流逝的諸現象，而應努力探究諸神行為的道德意義，從這裡才能獲得衡量重大事項的唯一尺度。同樣，我們也無須顧忌庸俗之輩的大多數意見，而應勇敢地大聲昭告世人：世上最偉大、最重要而且意義最深的現象，並非「世界的征服者」而是「世界的克服者」。只有他們，才能棄那充滿整個世界、無時無刻蠢蠢欲動的求生意志於不顧，學會否定的認識，平靜地度其一生；只有世界的克服者，方能展現其意志的自由，因而他們的言語行動才顯得與世俗格格不入。

基於以上幾點理由，所以一般記載聖者們的生活紀錄，雖寫得拙劣，且其中還攙雜著迷信或荒誕不經的故事，但對一個哲學家而言，這些素材實有其深刻的意味，它遠比希臘作家普魯塔克、里維斯等史家，更能告訴我們更多、更重要的事情。

（3）心靈的喜悅境界

欲望越強烈、貪慾心欲強的人，他所感受到的痛苦也就更多更深，因為欲望經常附在他身上不斷地啃囓他，使他的心靈充滿苦惱，如此積久成習後，一旦欲望的對象全無時，他幾乎便以看到別人的痛苦為樂了。

反之，一個徹底否定求生意志的人，從外表看起來，他的確貧窮，一無所有，既沒有歡樂也沒有生趣，但其心靈卻是一片清澄，充滿寧靜和喜悅。他們不會被不安的生存衝動或歡天喜地的事情所驅策，因為這些都是強烈痛苦的先導；他們不貪圖生之快樂，因為，喜悅過後往往持續苦惱的狀態。他們所達到的這種心靈真正的明朗及平靜，絕不會被任何人所干擾妨礙。對於這種境界，我們心中的善良精神，將立刻可以發現那是比一切成就更卓越的東西，而毅然叫出：「勇敢地邁向賢者吧！」

當我們親眼看到或腦中浮現這種境界時，必不由得興起無限的憧憬，並進一步使我們體會到，浮世欲望的滿足，就好比拋給乞丐的施捨，維持他活過今天，卻也延長了他的苦難到明日。反之，禁慾則是世襲的領地，領主永遠無須為這些事情憂慮。

（4）聖人的心靈掙扎

　　肉體是意志的客體化形式或具象化的意志，因此，只要肉體生存著，即有求生意志的存在，便會時時燃起熊熊的烈火，努力地在現代中顯露它的姿態。所以說，聖者們那平靜愉悅的生活，是不斷克服意志而產生的成果。因此我們不難想像出來，在結成這種果實的土壤裡，須不斷地與求生意志戰鬥，因為世上誰也不可能獲得永恆的平靜。一本描寫聖者內在生活的歷史，也就是他們心靈掙扎與獲得恩寵的過程史。這裡的恩寵是指一切衝動失去其效力而賦予深刻安寧，以打開通向自由之門的認識方法。

　　我們可以看出，一旦達到否定意志的人，他必須傾其全力保持這種成果，以各種方式削弱經常蠢蠢欲動的意志力，或寄託於禁慾，或為贖罪而過嚴苛的生活，甚而刻意追求不愉快的事情。他們深知解脫的價值，所以時刻警惕，以保護這份來之不易的安寧，即使稍嘗沒有罪惡的快樂，或虛榮心略微蠢動，亦感良心的嚴厲譴責。因此，最後連人類欲望中活動最激烈、最難以消減，也是最蠢的欲求——虛榮心，也告消失。

　　我們可以說，狹義的禁慾，就是為虐待意志而不斷地尋求不愉快的事情，為折磨自己而拒絕快樂，甘願過著受罪的生活，也就是故意地破壞意志。

（5）痛苦的解脫

　　除了為保持否定意志的成果，而實行禁慾外，另一條途徑也能達到意志的否定，那就是默認命運所決定的痛苦。多數人都循著這種途徑達到意志的否定，因為畢竟只有少數人才能洞察個體化原理，這些人只須透過認識，學會毫無瑕疵的善，對任何人均懷著愛心，把世界的痛苦當成自己的痛苦，進而達到意志的否定。然而，有的雖已接近這種境界，卻大都處於生活舒適的狀態，此時，倘若受到他人讚揚，便會一時興起，懷著某種希望，企圖求得意志的滿足。

　　總之，快樂經常成為意志否定的障礙，再度誘惑他走向意志的肯定。因此，一切誘惑都是惡魔的化身。所以，普通人在自己品嘗痛苦之前，在意志否定自己之前，必先毀壞意志，由漸而進地經過各種痛苦的階段。在一番激

烈抗爭之餘，當瀕臨絕望之際，倏然返回自我的人，即可認清自己的世界，進而改變自己的所有本質，超越自身和一切的痛苦，進入崇高的境界。他可以欣然拋棄先前以最大熱情去追求的東西，也能安詳地接受死亡。這樣一種境界，是從痛苦的火焰突然爆出意志否定的火花，此即前之解脫。

即使一個稟性惡劣的人，有時也可從某種殘酷的教訓，而致於這種淨化的境地。他們突然間改頭換面一般，完全變成另外一個人，因而，他對於從前自己所犯的各種惡行，也不會使良心陷於不安，卻樂意以死來贖回過去的罪孽，因為此時他們已把意志現象視為面目可憎的東西，而以欣慰的眼光看它的末日。

最能表現因巨大不幸而得到解救、從絕望中而帶來意志的否定之詩歌，應推歌德的心血結晶《浮士德》中有關格烈特漢的苦難遭遇。這個故事說明，一個人不僅可從自由意志的探求而認識世界的痛苦，也會從自己切身的過度痛苦經驗而獲得解脫。事實上，這位被己欲所驅策的主角，最後終於達到完全看破的境界。

▍生命的理念

按語：

生殖行為聯結子孫的保存，親情聯結性慾，為此，而使種族的生命綿延持續。

各種階段的存在理念，雖都是求生意志的客觀化，但對囿於「時間」形式的個體而言，他所認識的卻不是「個體」，而是結合生殖關係而產生的「種族」。因之在某種意義下，「種族」可以說是超出「時間」洪流的理念，也是一切存在的本質；只有透過它，我們才能認識個體，也才能談論存在。

但「種族」自身只是一個抽象存在，它須在個體中賦形才能存在，因此，意志也只有在個體中才能存在。不過儘管如此，意志的本質經過客觀化後，所表現出來的仍是根深蒂固的種族意識，所有個體追求的急切要事，諸如性

愛關係、生兒育女及其教育問題，乃至個體的安身立命等，無不與種族發生密切關聯。

從內在（心理）而言，意志好比樹木的根幹，智慧是它的枝枒；就外觀（生理）而言，生殖器則如樹幹，頭腦就是其枝枒。當然，供給養分的並非生殖器，而是腸的絨毛，但因個體有了生殖器，才能和它的根源——種族相聯繫，所以說前者才可算是根幹。

總之，倘若從形而下言之，個體是種族所產生出來的東西；倘若就形而上言之，則是種族在時間的形式中，所表現出的不太完全的模樣。

性慾可視之為樹木（種族）的內在衝動，它使個體的生命萌芽，猶如樹木供給樹葉養分，同時樹葉也助長樹木的壯大一般。正因此，這種衝動力非常強烈，且是從人類的本性深處湧出來的。倘若閹割掉一個人的生殖機能，他的體力和精神必將漸次衰退。——個體完成受精作用後，無論任何動物，必有力量衰竭的短暫現象；所以塞多舍斯才有：「精液的射出就是喪失一部分的精神」的警語。

就人類的情形而言，生殖力的衰退，就表示個體的漸趨死亡。不論任何年齡，若濫用生殖力，都會縮短生命；反之，節慾卻能增進一切力量，尤其有助於體力。因此，種種現象顯示：實際上個體的生命只不過是借助於種族，一切生命力都是種族力量的迸發。但，在這裡還要附帶一點說明：形而上的生命基礎，是直接表現在種族中的，且透過這點顯現在個體身上。

即使沒有上古流傳下來的種種神話或象徵，我們只須觀察一切動物（包括人類）在從事有關性慾活動之際的那種熱心和認真，也必可明知性慾的激動，本來就是動物的主要本質，也是種族的一分子對傳宗接代大業的效勞。反之，其他所有器官或作用，只是直接服務於個體，而非種族；個體的生存實居於次要地位。同時，由於真正延續的是種族，個體是無法永存的。因此，為了維持種族的延續不輟，個體在激烈的性慾衝動中常表現出一種把其他一切事物都擱置於一旁的習性。

我們不難瞭解，性慾和其他欲望的性質截然不同，就動機而言，性慾是最強烈的欲望；就表達的情形而言，它的力量最猛。無論在何處它都是不可避免的現象。它不像其他欲望，會發生趣味、氣氛，情境之類的問題。所以，就因為它乃是構成人類的本質願望，任何動機均無法與之比擬抗衡。它的重要性無可言喻；倘若無法在這方面得到滿足，其他任何享樂也無法予以補償。同時，不管動物或人類，為它常不惜冒險犯難或大動干戈。

生殖行為聯結子孫的保存，親情聯結性慾，如此，而使種族的生命綿延持續。所以說，動物對於子孫的愛和性慾相同，它所做的努力遠比對個體本身更為強烈，所有的動物大抵都是如此。做母親的為保護子女安全，往往甘願冒任何危險，即使失去生命也在所不惜，這種本能的親情以理性為媒介──即反省的引導，有時雖不免因理性的阻礙而削減。秉性兇殘者，也有不承認親子之情的現象。但就其本質而言，實際並非不強烈，在某種情形下，親情常擊敗自私心。動物沒有理性，沒有人類所謂反省的能力，因而，牠們所表現的本能母愛（雄性動物沒有這種意識）最為純粹，也最為明顯。

總之，這種愛的真正本質，與其說出自個體，莫若說直接出自於種族。這意味著動物亦有種族依賴子孫而得以保存，必要時會犧牲自己生命的意識。所以，它和性慾的情形相同，這裡的求生意志也會產生某種程度的昇華，由超越意識來源的個體，及其種族。

▌求生意志

按語：

生命是一種課題，一種非完成不可的懲罰，通常它是對辛勞、窮困和苦惱的不斷鬥爭。這種承受生命所有煩惱和喜悅的情形，便是求生意志最常見的現象。

倘若說求生意志僅以自我保存的衝動而表現的話，那它僅是肯定個體現象在自然中的剎那存續而已。照此，生命應該無須耗費太大的勞力和憂慮，其一生應該很容易獲得快樂的。然而很不幸地，意志無時無刻要求著絕對的

生命，它的目標放在綿延無盡的世代交替上，所以才有性慾的表現。此種衝動，剝奪了或許只伴隨著個體生存的安心、快活與純真，帶來意識的不安和憂鬱，使個體的一生充滿不幸、憂愁和苦難。

但相反地，個體也能憑藉克己的工夫，把這種衝動加以抑制，進而改變意志的方向，使意志在個體中消滅，無法溢之於外，如此便有可能獲得個體生存的安心與快樂，且還能賦予更強烈的意識。當然，這是極為罕見的。最常見的是——最強烈的衝動和願望一旦達成，亦即滿足了性慾之後，定聯結著新生命的完成，另一個新的生存繼之而起，隨之而來的便是無數的負荷、憂愁、窮困及痛苦等。當然，那不是為了自己而是為了別人，但現象相異的兩個個體，倘若其內在本質絕不相同，世界還會有所謂「永恆的正義嗎？」

生命是一種課題，一種非完成不可的懲罰，通常它是對貧困的不斷鬥爭。因此，任何人無不盤算著盡其所能地透過這一關隘，圓滿地達成對於生命應盡的義務。

人類一生所伴隨的無窮盡的辛勞、窮困和苦惱，正可作為求生意志的決定性的肯定說明，同時，也因為如此，他對自然還欠上一筆所謂「死」的負債；為這筆債，使他惴惴不安，這剛好可以證明我們的生存是一種罪過。

總之，我們就是這樣永遠支付著「死」與「生」的定期租稅，這樣相繼承受生命所有的煩惱和喜悅。這是肯定求生意志的結果所無可避免的現象。因此，儘管人生多熙攘紛雜，但對它的眷戀——即對死亡的恐懼，原本就是幻想的作祟。

同樣的道理，把我們誘進「人生」的衝動亦屬幻想。從客觀來看，此種誘惑的原動力，在於互相愛慕的男女眼神中，這是肯定生存意志後的最純粹表現。這時的意志顯得非常溫柔嫻靜，在幸福中陶醉之餘，而為其本身、為對方、為大眾平靜的快樂和安詳的喜悅祈願；這是阿那克里翁詩歌的主題。但倘若此種狀態下的意志，一受到誘惑和諂媚，它便會縮進其生命的本源中。意志縮回去，苦惱接踵而至，於是苦惱引發犯罪，犯罪更帶來苦惱，恐懼和頹廢充滿人生舞台，這是希臘「悲劇之父」艾斯奇勒斯的主題。

　　儘管如此，但人人內心中都把被這意志所肯定，造成人類行為的這種原因，深深引為羞恥，不僅小心翼翼地將它隱藏起來，倘若無意中看見，還會大驚失色，就像發現犯罪現場一般。事實上，冷靜深思之下，這種行為的確是可憎的，尤其在高尚的氣氛下，更讓人感覺噁心。大體而言，當完成性行為後會產生一種獨特的悲哀和反悔，尤其對於初次性行為的人來說，性格越高尚的人，感覺越強烈、顯著。──但是，也唯有賴這種行為的持續不斷，人類才能得以延續。

　　進而言之，生殖行為與世界之間有謎一般的關係，世界雖係由廣泛的空間、漫長的時間以及繁複多樣的形態所構成，但這一切無非是意志的現象而已，而意志的焦點則是生殖行為，這種行為就是世界之內在本質上的最明顯表現，是它的核心、根本、精髓。簡單地說，宇宙這一大謎團的謎底就是生殖行為，亦即所謂「智慧之木」之意，人們在瞭解它之後，才能知悉生命之真諦。拜倫所云：「摘下智慧之木後，方可瞭解萬事。」其意便在此。

　　快樂的要素通常在於祕密，生殖即是一大祕密行為，它無法直白宣示，也無時間場所的限定。這些雖是它的主要特色，但因人人均能領會、時時縈繞心中，因此只要稍加暗示，便可理解。

　　然而，待青年人初次瞭解這個世界的大祕密時，仍難免被它的巨大性所驚駭，其根本原因是這樣的：「人類的智慧──尤其理性方面的智慧，須經過一段漫長的路程，才能臻於成熟，此時，原本沒有認識力的意志距離它已經非常遙遠，已忘卻那該後悔的起源，而仍以純真無邪的立場來觀察，自然難免驚駭。

　　性慾及性的滿足，是意志的焦點和它的最高表現。但個體化的意志──即透過人類或動物的生育之門而出現於世界的事情，實在蘊涵極深刻的意義，且也是自然所表現的最純樸的象徵性詞彙。

　　動物群中很難避免求生意志的肯定及其中心的生殖行為，因為自然的意志中，只有人類才有反省能力。反省力不只用於認識個人意志，而是藉此獲得更廣闊的認識範圍，從對過去的鮮明記憶，及對未來的大致預想，而展望個人的生活或一般生存。實際說來，不論任何種類的動物透過數千年的生存，

牠的生命僅等於一瞬間而已，因為牠們只有現在的意識，而沒有過去、未來或死亡的意識。因此，只有人類才有「現在」、「過去」、「未來」的意識，然而也僅止於概念而已，在根本上，他們還不瞭解它的真義。

所以，動物的求生意志，總是無休止地追求完全的客觀化和享樂。而具備理性的生物——人類，雖取得反省力，卻未以此滿足，意志仍無可抑止地發生如下的疑問：萬物從何而來？歸於何處？生命的努力和困苦所取得的報償是什麼？這種遊戲所消耗的是否值得？——現在，在明晰的認識之光照耀下，正是決定、肯定或否定意志的時候。然而，後者通常只是穿著神話的外衣，表現於意識而已。由此觀之，意志並未具備可達到較高度客觀化的證據，因此時已是意志到達其轉機的時候了。

▍死亡

按語：

人類的最大災禍便是死亡的威脅；最大的恐懼是來自對死亡的憂慮；最能吸引我們關心的是他人生命的安危；最害怕看到的便是執行死刑。但倘若我們因懼怕死亡而惶惶不可終日，為自己或他人的生命瀕臨危險而大感恐懼，實在是再愚蠢不過的事。

人類，因為具備理性，必然產生對死亡的恐懼。但一般而言，自然界中不論任何災禍都有它的治療法，至少有它的補償。由於對死亡的認識所帶來的反省致使人類獲得形而上的見解，並由此得到一種慰藉。所有的宗教和哲學體系，主要即為針對這種目的而發，以幫助人們培養反省的理性，作為對死亡觀念的解毒劑。

然而，由於死亡的種種教訓，卻使一般人——至少歐洲人，徘徊於死亡是「絕對性破滅」和「完全不滅」的兩種對立見解之間。這兩者都有錯誤，但我們也很難找出中庸之道的見解。因此，莫若讓它們自行消滅，另覓更高明的見地吧！

　　我們先從實際的經驗談起。首先，我們不能否定下列的事實：由於自然的意識，不僅使人對個人的死亡產生莫大的恐懼，即使對家族之死亦哀慟逾恆。而後者很明顯並非由於自身的損失，而是出於同情心，為死者的遭遇大不幸而悲哀。倘若在這種場合下，不掉幾滴淚，表示一些悲嘆之情，便要被指責為鐵石心腸，不近人情。因此，倘若復仇之心達到極點，能加諸敵人的最大災禍，便是將敵人置於死地。

　　從上述來看，死亡便是最大的災禍，死亡意味著毀滅，以及生存的無價值。死亡的恐懼實際是超然獨立於一切認識之上的；人類的最大災禍便是死亡的威脅；我們最大的恐懼來自對死亡的憂慮；最能吸引我們關心的是他人生命的安危；最害怕看到的便是執行死刑。

　　但是，倘若我們因懼怕死亡而惶惶不可終日，為這短暫的時間而太過憂愁，為自己或他人的生命瀕臨危險而大感恐懼，或創作一些把主題放在死亡的恐怖、使人感到恐惶悚懼的悲劇，實在是再愚蠢不過的事。

　　人類對於生命的強烈執著，是盲目而不合理的。因為，我們在未出生前，不知已經經過多少世代，但我們絕不會對它悲傷，那麼，死後的非存在，又有什麼值得悲傷的？我們的生存，不過是漫長無涯的生存中之一剎那的間奏而已，死後和生前並無不同，因此實在大可不必為此感到痛苦難耐。

　　倘若說對於生存的渴望，是因「現在的生存非常愉快」而產生，事實上並非如此。一般說來，經驗越多，進而對非存在的失樂園懷有更多憧憬。此外，在所謂靈魂不滅的希望中，我們不也時常企盼所謂「更好的世界」嗎？──這些，都能證明「現世」並沒有多美好。

　　話雖如此，世人卻很熱衷於談論有關我們死後的狀態問題，談話原無可厚非，但若過分，則難免鑽牛角尖。不幸的是，幾乎所有世人都犯這毛病。事實上，死後的無限時間和未出生前的無限時間，並沒有什麼不同，因而毫無值得恐懼之處。人既已不存在，一切與我們生存無關的時間，無論是過去抑或是未來，都不再重要，為它悲傷實在毫無來由。

伊比鳩魯對死亡問題有過這樣的結論，他說：「死是與我們無關的事情。」他注釋說：「因為我們存在時死亡不會降臨，等到死神光臨時，我們就又不存在了。即使喪失些什麼，也不算是災禍。」因此，一切生物對死亡的恐懼和嫌惡，純粹都是從盲目的意志產生，那是因為生物有求生意志，這種意志的全部本質有著需求生命和生存的衝動。此時的意志，因受「時間」形式的限制，始終將本身與現象視為一致，它誤以為「死亡」是自己的終結，因而盡其全力以抵抗之。

生命，實際上對任何人來說都沒有什麼特別值得珍惜的。我們之所以那樣畏懼死亡，並不是由於生命的終結，而是因為有機體的破滅。因為，實際上有機體就是以身體作為意志的展現，但我們只有在病痛和衰老的災禍中，才能感覺到這種破滅；反之，對主觀而言，死亡僅是腦髓停止活動，意識消失的一剎那而已，隨之而來的所有波及有機體諸器官停止活動的情形，其實不過是死後附帶的現象。因此，不管死亡如何令人恐懼，其實它本身並不是災禍。

當生存中或自己的努力遭遇到難以克服的障礙，或為不治之症和難以消解的憂愁所煩惱時，大自然就是現成的最後避難所，它早已為我們敞開，讓我們回歸自然的懷抱中。生存，就像是大自然頒予的「財產委任狀」，造化在適當的時機引誘我們從自然的懷抱投向生存狀態，但仍隨時歡迎我們回去。當然，那也是經過肉體或道德方面的一番戰鬥之後，才有這種行動。大凡人就是這樣輕率而歡天喜地地來到這煩惱多、樂趣少的生存中，然後，又拚命掙扎著想回到原來的場所。

無可否認地，生死的決定應是最令人緊張、關心、恐懼的一場豪賭，因為在我們眼中看來，它關乎一切的一切。但永遠坦率正直，絕不虛偽的自然，以及「聖薄伽梵歌」中的毗濕奴，卻向我們表示：個體的生死根本無足輕重，不管動物或人類，它只把他們的生命委之於極瑣細的偶然，毫無介入之意。

看吧，只要我們的腳步在無意識中稍不留意，就可決定昆蟲的生死；自然之對待人類與動物相同，在人類身上，個人的生死對於自然根本不成其為

問題，因為我們本身亦等於自然。仔細想想，我們真應該同意自然的話，同樣不必以生死為念。

誠然，人類由「生殖」憑空而來，基於此義，「死亡」也不妨說是歸於烏有。但若能真正體會這種「虛無」，也算頗饒興味了。因為這種經驗性的「無」，絕不是絕對性的「無」。換句話說，只須具備一般的洞察力，便足可理解：「這種『無』不論在任何意義下，都不是真正的一無所有，或者，只從經驗也可看出，那是雙親的所有性質再出於子女身上，也就是擊敗了死亡」。

儘管永無休止的時間洪流攫奪了它的全部內容，存在於現實的卻始終是確定不動而永遠相同的東西，就此而言，我們倘若能以純客觀的態度來觀察生命的直接進行，將可很清楚地看出：在所謂時間的中心，有個「永遠的現在。」——若是有人能同天地同壽，他便能觀察到人類的全盤經過，他將看到，出生與死亡只是一種不間斷地擺動，兩者輪流交替，而不是陸續從「無」產生新個體，然後歸之於「無」。種族永遠是實在的東西，它正如我們眼中所看到的火花在輪中的迅速旋轉，彈簧在三角形中的迅速擺動一般，出生和死亡只是它的擺動而已。

佛陀常言：「解開心靈之結，則一切疑惑俱除，其「業」亦失。死亡是從褊狹的個體性解脫出來的瞬間，而使真正根源性的自由得以再度顯現」。基於此文義，這一瞬間也許可以視之為「回覆原狀」。很多死者之顏面呈現安詳、平和之態，其故或即在此，看破此中玄機的人更可欣然、自發地迎接死亡，捨棄或否定求生意志。因為他們瞭解，我們的肉身只是一具皮囊而已，在他們眼中看來，我們的生存即是「空」。佛教信仰將此境界稱之為「涅」，或稱「寂滅」。

▌超越生命

按語：

生命只是一種存在，而死亡也僅是一種非存在，這兩者對人來說無關緊要，因而也無須懼怕死亡。

在生活中，倘若有人問你有關死後繼續存在的問題，而問你問題的這個人又屬於那種希望知道一切事物卻不學習任何東西的人，那麼，最適當而又正確的回答便是：「在你死後，你將是自己未出生時的東西。」

為何要這樣回答呢？因為這個答案含有以下幾種意思：倘若你要求一種存在，有起始而沒有終結的話，那是荒謬而不合理的；此外，還含有一種暗示，即世界上可能有兩種存在，相應地也有兩種空無和它對應。不過，你也可以這樣回答：「不管你死後成為什麼——即使化為虛無——也會像現在個人有機體的情形一樣的自然而恰當。」於是，你最擔心的是轉變的時刻。的確，如果我們對這一個問題加以進一步的思考，就會得到一個結論：「像我們人類這樣的存在，寧可不存在。因此，我們不再存在的這個觀念，不再存在於其中某一時間的觀念，從合理的觀點看來，就像所謂從未出生這個觀念一樣，對我們根本沒有什麼困擾。現在，由於這存在本質上是個人的存在，因此，人格的終結不能視其為損失。」

▌生命因意志而在

按語：

意志是本體，是內在內容，是世界的本質。生命，可見的世界現象，只是意志的反映。所以，生命因意志而起，如影隨形一樣地與意志分不開；如果意志存在，生命、世界便也存在。

表象世界完全是意志的反映，在表象世界中，意志的自覺一步一步地趨向明顯和完整，其最高階段則是人類，不過，人類的本性只有透過一套相互關聯的行動才能獲得徹底的展現。理性可以使這些行動達到自覺的境地，可使人類不斷以抽象方式縱觀全體。

從意志本身來看，意志是不自覺的，只是一種不斷的盲目衝動，正如我們在無機界和有機界中所看到的一樣，此種盲目衝動的意志，透過表象世界的附加物而獲得有關本身意欲活動及其所意欲者的知識。這就是表象世界，就是生命。所以，我們說現象世界是意志的反映，是意志的客觀表現。由於意志所意欲的往往是生活，而生活又不是別的，只是那意欲觀念的展現，所以，如果我們不說「意志」而說「生活意志」的話，那是多餘的贅言。

意志是本體，是內在內容，是世界的本質。生命，可見的世界現象，只是意志的反映。所以，生命因意志而起，如影隨形一樣地與意志分不開；如果意志存在，生命、世界便也存在。所以，生命就是確保生活意志，只要我們充滿著生活意志，就不必恐懼自己的生存，即使面對死亡時也是如此。

從哲學的觀點來看生命，我們將發現，意志，一切現象中的本體，知覺這些現象的認知主體等，根本不受生死的影響。生死只屬於意志的現象，因此也只屬於生命；意志現象表現於生生滅滅的個體上，當作時間形成中出現的無常現象——此種現象背後的東西，本身根本不知道時間的存在，但須以我們所說的方式表現出來，以便使它的特性客觀化。生死皆屬於生命，是兩個彼此相互平穩的現象，也可說，生死是生命現象的兩極。

我們要特別認清，意志現象的形式，生命或實在的形式，只是存在於現在，不是未來，也不是過去。後者只存在於概念中，如果遵循充足理由原則的話，只存在於知識的關聯中。沒有人曾生活於過去，也沒有人會生活於未來；「現在」是生命的唯一形式，也是永遠不可能從生命中拿走的可靠財富。「現在」永遠和它的內容同時存在，兩者永遠固定而不動搖，好像瀑布上空的虹一樣。因為，生命固定於意志之中，而現在則固定於生命之中。「現在」是意志現象的根本形式，「現在」和意志是無法分開的。只有「現在」是永遠存在的和永遠固定的。

從經驗上來看，把一切短暫事物中最短暫的事物看成唯一持久的東西，其內容的根源和支持者是生活意志或本體——人類本身就是生活意志。凡是不斷變化和消滅的事物，凡是過去或現在存在的事物，由此種種產生生滅現象形式的緣故，都屬於現象界。因此，我們應該想：過去是什麼？是現在的

玩意兒，將來是什麼？是過去那玩意兒。對意志來說，生命是確定的，對生命來說，「現在」是確定的。每個人都不可以說，「最後，我是『現在』的主人，它會像我的影子一樣永遠跟隨著我，所以，它從哪裡來，為什麼正是現在，對於這些，我並不感到驚奇。」

我們可拿時間和不斷旋轉的球面相比：永遠下沉的一半代表過去，而永遠上升的一半則代表未來，但切線所接觸的頂端不可分的點則代表沒有廣度的現在。切線不隨球面旋轉，「現在」也是如此，客體和主體相接之點，也是如此，因為它不屬於可知現象，而是一切可知現象的條件。或者說，時間像永不止息的河流，而「現在」則是河水流過的石塊，但河水沒有把石塊捲走。作為本體的意志，和知識主體同樣不受充足理由原則的支配；從某方面來看，知識主體最後就是意志本身或意志的展現。對意志來說，生命是確定的，生命的現象是確定的，同樣地，「現在」也是如此，這真實生命的唯一形式也是如此。

所以，我們無須探討出生之前的過去，也無須探討死亡之後的未來；我們要認識現在，要認識這表現意志的形式。現在無法擺脫意志，意志也無法擺脫現在。所以，倘若生命真能令人滿足，那麼，凡是以各種方式肯定生命的人，都會認為生命是無限的，除去對死亡的恐懼，把死亡當作幻象，原來幻象使他變得愚笨地畏懼那可能永遠剝奪他的現在而預示沒有現在的時間。這是時間方面的幻象，與空間方面的幻象相似，由於空間的幻象，每個人都以為自己在地球上所占的位置在上，而其他所有地點則在下。同樣地，每個人都把現在和自己的個體性連在一起，以為整個現在完全在此，以為過去和未來是沒有「現在」的。但是，正如地球表面每一個地方都是連上的一樣，整個生命的形式也都是現在，因死亡奪去我們的現在而恐懼死亡，正如恐懼自己可能從地球表面滑倒一樣的愚笨。

「現在」是意志客觀化最重要的形式。「現在」把時間分割，從兩個方面向無限地延伸，好像數學上的點一樣，並且固定不動。像沒有淒冷夜晚而永遠日正當中一樣，太陽好像要沉入黑夜的懷抱，實際上它是在不斷地燃燒。

因此，倘若一個人懼怕死亡，以為死亡是自己末日的話，他便會背負著生命的重壓，他無法從死亡中期求解脫。

我們在死亡之中所恐懼的是個人的終結；同時，由於個人是生活意志的特殊客觀化，所以它的整個本性都在與死亡搏鬥。現在，當我們的感情使自己感到無助時，我們的理性便會加入進來，而且多數是克服了不利影響，因為理性使我們達到更高層次，從這較高層次，我們所想到的不再是特殊的東西，而是主體。所以，一個人倘若能平靜而審慎地希望自己的生命像向來所瞭解的一樣，將永遠繼續存在或不斷更新，如果他對生命的愛非常強烈，強烈到足以使自己願接受為追求快樂而帶來的一切艱苦與不幸——此種人會無所畏懼，他會漠然、無動於衷地等待即將來臨的死亡。他會將死亡視為虛假的幻像，視為是沒有力量的幽靈，這些可以使弱者感到害怕的東西，對他卻無計可施，毫無力量，因為他知道自己就是那具體表現整個世界的意志，他永遠相信生命，也永遠相信那意志現象唯一特殊形式的現在。他不會因無限的過去或將來而感到可怕，他會把過去或未來當作空虛幻象。因此，他對死亡不會感到恐懼，就像太陽不會恐懼夜晚一樣。

▋自殺

按語：

一個人一旦對生活的恐懼超過對死亡的恐懼，他就會立刻結束其生命，這在生活中是屢見不鮮的。

普林尼說：「生活對於人來說是不盡如意的，無須不惜代價地拖延。無論你是誰，即使你的生活充滿了惡行和罪孽，也必死無疑。對於錯亂的精神，最有效的彌補莫過於享受自然，女神賜福人之最偉大的幸事：適時而死；其優點是適宜於一切人。」他進一步宣稱：「甚至連上帝也不能隨心所欲，因為，倘若他情願去死，他也無法決定他自己的死亡，而在我們不幸的世俗生活中，死亡是上帝賜福於人的最好禮物。」

一個人一旦對生活的恐懼超過了對死亡的恐懼，他就會立刻結束其生命，這在生活中是屢見不鮮的。但是，死亡的恐懼往往相當頑固，它彷彿是守衛在這個世界出口處的士兵。倘若這種生命的終結一直具有純粹消極的特徵，是生存的突然中止，那麼，或許那些尚未結束其生命的人便所剩無幾了。自殺還有某種積極的東西，它是物體的毀滅，人總是畏懼死亡的，因為他的肉體是生存意志的表現形式。

　　無論如何，與死亡的搏鬥，一般來說並不像從遠處看那麼艱難，這主要是由於肉體疾病與精神疾病之間的相剋作用。倘若我們身患重病，長期忍受著病痛的折磨，那麼，其他的煩惱便顯得無足輕重了，我們所考慮的只是盡快痊癒。同樣地，巨大的精神痛苦會使我們對肉體痛苦麻木不仁；我們漠視肉體的痛苦，不，倘若肉體痛苦超過了精神痛苦，它就會分散我們的思想。因此，我們總是希望以肉體的痛苦來緩解精神的痛苦。正是這種情感常導致自殺，因為對那些倍遭精神折磨的人來說，肉體痛苦是無關緊要的。在那些因某種純粹病態或極度憂鬱而被迫自殺的人的案例中，上述情況尤為明顯。沒有必要試圖駕馭他們的情感，他們也沒有做出這種努力的要求，然而，一旦死亡的恐懼迫使他們放棄自己的義務，他們就會立刻終結自己的生命。

　　在一些可怕的惡夢中，極度恐懼常使我們驚醒；於是，那黑夜裡產生的令人厭惡的陰影便會悄然遁去。生活就是一場夢；當極度恐懼的瞬間使我們驚醒後，生活中的一切陰影也會銷聲匿跡。

　　或許，自殺也被視為一種嘗試——一個人類的自然之神，提出並試圖迫使他回答的問題。這個問題是：死亡將會為一個人的生存及其對事物本性的洞察帶來何種變化？這是一種愚蠢的嘗試，因為它意味著這樣一種意識的毀滅，即提出上述問題並期待做出答覆的意識的毀滅。

▌生命的本質是苦惱

按語：

一切生命的本質就是苦惱，這是意志內在本質的命運，身為天才，他便有最多的苦惱，動物世界的表現較微弱且有程度上的差別，然亦無可避免。

意志總是孜孜不倦地努力著，這能從最低以至最高等的意志現象所顯現的階段中看出。意志沒有最終目標或目的，努力是意志的唯一本質，無所謂達到目標而告終期。所以，它永無最後的滿足，沿途只有荊棘障礙，就這樣永無盡期地持續下去。

世界的每一角度，形形色色的自然力或有機物的形態，都是根據努力而表現的；相互競爭，各取所需——因為它們所需的物質，只有從另一方奪取而得。就這樣，世界彷彿是一個大戰場，隨處可見拚死拚活的戰爭，且這種戰爭多半會阻遏一切事物最內在的本質——努力，而產生抗拒。奮鬥固然到頭來成空，然又無法捨棄自己的本質。因為這種現象一旦消滅，其他的現象便會立刻取而代之，攫取它的物質，所以只得痛苦地繼續生存下去。

努力要同於意志，是一切事物的核心和本質，是人類接受最明確、最完全的意識之光所呈現的東西。我們所稱之苦惱，就是意志和一時性的目標之間有了障礙，使意志無法稱心如意；相反地，所謂滿足、健康或幸福，即為意志達到它的目標。世上沒有所謂永恆的滿足，通常，這一次的滿足只是新努力的出發點而已。努力到處碰壁，到處掙扎戰鬥，因而也經常苦惱，正如努力沒有最終目標，苦惱也無休止。

至於有認識力的世界——即為動物的世界，就可以顯現出牠們不斷的苦惱。觀察人類的生命，更是能看得一清二楚。因為意志現象越臻完全，痛苦也就越為顯著。對個體而言，倘若一個人的認識越明晰，智慧越高，他的痛苦也越多；天生高智商，他便有更多的苦惱。

素有「哲學畫家」或「畫家的哲學者」之稱譽的狄基班，曾以一幅畫直觀而具體地描寫出意識程度與苦惱程度的密切關係。這幅畫的上半幅描繪有喪子之痛的女人群像，以各種表情和姿勢，表達出母親的深沉、悲傷、痛苦

與絕望；下半幅則為描繪失去子羊的一群母羊，各動物的表情、姿勢與上半幅互成對應。從而可以瞭解，並非有明確的認識和明敏的意識才有強烈的苦惱，即使在動物遲鈍的意識中，也有痛苦的可能。

▊生命終歸滅亡

按語：

生命的旅程如同你在非常熱心、非常審慎地吹肥皂泡，儘管你可將它盡可能地吹大，但，最終也逃不掉破滅的命運。

人類個體投進茫茫空間和漫漫的時間中，是以有限之物而存在，與空間和時間的無限相比，微乎其微，幾乎等於無。同時，因為時間和空間的無限，個體生存所謂的「何時」、「何地」並不是絕對的，而是相對的。因為其場所和時間，只是無窮無盡之中的一小點而已。──他真正的生存只有「現在」。「現在」不受阻礙地向「過去」疾馳而去，一步步靠近死神。「過去」的生命，對於「現在」會有什麼影響？這些都是另一回事。一切都已消逝、死滅，什麼都談不上了。

因此，對個體而言，其「過去」的內容是痛苦或是快樂，這些都是一些無足輕重的問題。但，「現在」往往一轉眼即成過去，「未來」卻又茫然不可知，因此，個體的生存從形式上來看，是不斷地被埋葬在死亡的過去中，是一連串的死亡。但若就身體方面來看，眾所周知，人生的路途卻崎嶇坎坷，充滿荊棘和顛簸；肉體生命的死亡經常受到阻滯，受到延緩，使我們的精神苦悶也不斷地往後延伸。一次接一次的呼吸不斷地侵入，預防了死亡，如此，我們無時無刻都在和死亡戰鬥著。除了呼吸之外，諸如飲食、睡眠、取暖等都在和死亡戰鬥。當然，最後必是死亡獲勝。

這一條路徑之所以呈現得那樣迂迴，是因為：死亡在未吞噬它的戰利品之前──就是我們從開始誕生到歸於死亡之前，每一刻都受它蓄意的擺弄。但我們仍非常熱心、非常審慎地希冀盡可能延長自己的生命，那就像是吹肥皂泡，我們盡可能將它吹大，但終歸會破滅。

▍痛苦無從避免

按語：

不論自然如何安排，不論幸運是否曾降臨你身上，不論你是王侯將相抑或販夫走卒，不論你曾擁有萬貫家財抑或是身無分文，痛苦仍無從避免。

所謂人生，就是欲望和它的成就之間的不斷流轉，就願望的性質而言，它是痛苦的。成就則會令人生膩，目標不外是幻影，當你擁有它時，它即失去魅力，願望和需求必須再重新以更新的姿態出現。沒有這些輪替，人便會空虛、厭倦、乏味無聊。這種掙扎跟與貧窮搏鬥同樣痛苦。

願望和滿足若能相繼產生，其間的間隔又不長不短的話，這時苦惱最少。倘若我們能完全擺脫它們，而立於漠不關心的旁觀地位，這就是一般所說「人生最美好的部分」、「最純粹的歡悅」，如純粹認識、美的享受、對於藝術真正的喜悅等皆屬之。但這些都須具備著特殊的才能才行，所以只惠予極少數人，且擁有的時刻極其短暫。只因他們智慧卓越，對於苦惱的感受自然遠較一般人敏銳，個性上也和常人截然相反。因此，他們很難逃離孤獨的命運。

因此，身為智者，也是利害參半。普通人則只生存於欲望中，無法享受到純粹智慧的樂趣，無法感受純粹認識中所具有的喜悅。若要以某種事物喚起他們的同感，或引發他們的興趣，同樣需要刺激他們的意志。因為他們的生存是欲望多於認識，他們唯一的要素便是作用和反作用。此種素質常表現在日常的瑣碎事情中，如有人在遊覽名勝古蹟時，總愛刻下自己的名字「以資紀念」，就是為了要把「作用」帶到這個場地來。刺激意志的需求，更表現在賭博遊戲的出奇翻新上，由此可見人類本性的膚淺。

事實上，要消除一種痛苦十分困難，即使僥倖成功，痛苦也會立刻以千種其他姿態出現，其內容因年齡、事態之不同而不同，比如性慾、愛情、嫉妒、憎恨、抱怨、病痛等皆是。倘若這些痛苦無法轉化成其他姿態而呈現的話，就會穿上厭膩、倦怠的陰鬱灰色外衣，那時再想擺脫它，便要大費周章了。縱使倦怠得以驅除，痛苦恐怕也將回復原來的姿態再開始蠢蠢欲動。

痛苦原是人生中固有的、不可避免的東西，而其展現的姿態和形式，皆被偶然所左右，所以，痛苦總在現實中占據一個位置，若除去現在的痛苦，從前被拒在外的其他痛苦必定立刻乘虛而入，占據原來的位置。因而就本質而言，命運對我們並不產生任何影響。一個人若能有這樣的省悟、認識上述道理，他就能獲得心靈的恬淡平靜，不再因為本身的幸福惦念了。然而，事實上有幾個人能做到如此呢？也許完全沒有。

第六章 人生對策

從出生到死亡，人們要不斷經歷痛苦和折磨，在人生的每個階段，我們都無可避免地走向衰老和死亡。每個階段都會遭遇各種不幸和災難，如何順利地走完一生，就成為每個人都需要思索的問題。

▌檢討與回顧

按語：

人的個性和能力，唯有在人生的檢討和回顧中方能真正地顯露出來；要清楚我們有什麼成就，做過什麼，也唯有在完成人生的某一階段，或是接近人生終點時才能看到。

人，只有把一生當作有機聯繫的整體加以檢討的時候，我們的個性和能力才能暴露在光天化日之下。此時，我們能看到，在某些事件中，我們是怎麼樣受到特殊才能的引導，就像獲得靈感一般，幫助我們在若干邪惡道路之間選出一條正路。這種情況不僅是在實務方面，在理論工作上也是如此。從相反的意義而言，我們就會不幸淪為無用和失敗。「現在」的重要性只會在很久後才展現出來，很少會在當時就瞭解到。

只有在完成人生的某一階段，或是接近人生終點的時候，我們才會瞭解我們所有行為的真正關聯——我們做過什麼，有什麼成就。只有到那時候，我們才能看清因果的切實關係，我們所有努力的精確價值。因為我們在日常的生活和工作中，我們做人處世總是依從我們的個性，受動機的左右，而且侷限於我們的能力範圍之內———簡而言之，從頭到尾，都受到「必然律」的控制。每時每刻，我們都按照我們看來妥妥當當的方式行事。只有在事後，當我們回顧整個一生和大致結果的時候，我們才能看出一生為什麼是這樣。

▌勇敢面對人生

按語：

任何危險只要還留有懷疑的餘地，只要仍有挽救的可能，我們就不該顫慄，不該只做抵抗而不抱其他想法——正如對待天氣一樣，只要見到一絲藍天，就不該對天氣失望。

作為促進快樂不可缺少的關係，僅次於精明的是「勇氣」。當然，我們無法讓自己創造這些，因為我們主要從母親處承獲氣質，從父親處繼得勇氣。可對於業已存在的這些氣質，我們能靠決心和鍛鍊得到幫助。

在這個虛偽的世界裡，人必須有鋼鐵般的性格，有禁得起打擊的甲冑，有跟他人搏鬥以取得勝利的利刃。

人生是一場持久的戰事，每往前一步都得拚命。伏爾泰說：「我們要想成功，唯有靠劍刃，人與劍刃共存之。」那些暴風剛剛開始加劇，或是地平線上烏雲初起，便立刻退縮或心灰意懶、不知所措的人，是不折不扣的懦夫。我們應該牢記：不向妖魔退讓，而是要更大膽地面對它。

的確，我們應該這樣說：

即使全世界坍塌成廢墟，

我們仍要保持泰然心情。

我們的整個生命，

都不值得我們那麼膽顫心驚。

所以，且讓我們英勇地面對人生，

勇敢面對命運的每次打擊。

認知的改變

按語：

認知隨著年齡的變化而發生改變，我們的前半生倘若是渴望幸福卻從未獲得滿足，那麼，我們的後半生就是害怕遭遇不幸。

對於世人，任何稍有智慧或傑出的人在情緒上都有相似的劇變。就因為這，也不能說他們正正當當地屬於這個世界，根據優越的程度不同，他們多少有些遺世獨立。在青年時期，他們深感被世界遺棄，再到後來，他們又產生了好像已逃離了這個世界的感覺。前一個感覺是不快樂的，那完全是因為愚昧所致；後一個感覺是愉悅的，因為在這個時候，他們已瞭解了世界的真相。

與前半生相比，後半生就猶如一段音樂的後一部分，它已經降低了熱切的渴望，而表現出更多的安謐和寧靜。情況為何如此？其實很簡單，只因為人在青年時，我們幻想世界上的幸福和歡樂多得是，只是不容易相遇而已；年老時，人生的經歷告知我們事情並非如此。我們對這個問題的心態是完全恬靜的，我們會盡力享受當前的時刻，甚至會為一些小事高興不已。

我們在早年的想像是，此生中的首要事件，還有扮演重要角色的人物，在登場時都會有號鼓鳴奏，掌聲如雷；然而，當我們年老回顧之際，發覺它們都是靜悄悄地來到，好似從邊門溜進來，幾乎沒有人知道。

不欠時間的債

按語：

世間最利害、最冷酷無情的高利貸剝削者便是——時間。倘若你要時間預先支付，你得付出最昂貴的利息，這利息有可能是你一生的幸福。

在動盪的年代，我們有可能馬上需要現款，為了獲得你所需的現款，你可能會賣出房產或政府公債，而這些房產和政府公債的價格都較正常價格的三分之一少或更少。而假若我們肯等待，局勢經過一定時間總會恢復正常的，

我們便不會有那樣的損失。但是我們要強迫時間貸款，所遭受的損失就是所付出的利息。

又或是有人想做長途旅行需要錢，本來過一、二年就可從收入中存下足夠的一筆錢，但是他等不及，因此他去借錢，或者取出一部分本錢——換句話說，他要時間預先借錢給他。他付出的利息是帳目混亂，虧空增加，損失永遠無法彌補。這就是時間在用高利貸剝削我們，無法等待的人是它的犧牲者。試圖改變時間的步伐是最浪費的做法，因此我們必須謹記，不要欠時間的債。

▌一日三省其身

按語：

大自然的運作機緘神祕難測，時而壓抑、時而高揚，總是在制約、捉弄我們，所有的事物都會轉瞬即逝——無論是順境還是逆境。因此，智者總能一切聽從自然而又能居安思危，這樣，上天也就無法施展它的淫威了。

就實質而言，所有事物都是稍縱即逝的——這話是絕對的真理，應該牢記於心。基於此，不管你處於什麼情況下，是順境也好，是逆境也罷，都要及時反思，都要對自己做出相反的設想：在順境中，要想到不幸，中國有句話叫「居安思危」，說的就是這個道理；在情投意合時，要想到敵對的情形，如此才能讓你那顆浮躁的心冷靜下來；在天氣晴和時，要想到烏雲滿天的時候；在熱愛時，要想到恨；在信任的時刻，要想像他人的不義，懊悔自己輕信他人。同樣的道理，倘若不幸身處逆境，務必要保持欣喜時光所有的輕快感，視逆境於不顧——這才是處世的真正智慧！因此，我們應該多做反思，才不會輕易受騙。

▋勿與人爭高低

按語：

遇事讓別人一步是明智之舉，因為讓一步就等於為進一步留下了餘地，對待他人寬厚一點大有好處，善待他人，實際上為自己以後受到善待奠定了基礎。

生活中不如意之事常有，我們無須抱怨、哀嘆、沮喪，相反地，我們可視之為是用來磨練我們的途徑，以便讓我們能承受更大的不幸，不會因為我們事業順利而喪盡生存能力。

人與人之間的一些小小誤會、分歧，無關痛癢的爭論、無關緊要的不當行為、流言蜚語，還有生活中許多別的類似的煩惱，對待這些小麻煩，我們應當視而不見，聽而不聞。我們無須為那些芝麻綠豆大小的事情感慨，也無須為之憤怒，更別愚蠢到記在心中為之煩惱，而是要跟它們保持距離，將它們視為路上的石頭，推不開就繞道而行。千萬不要去想它們，更不要讓它們在反思中占有一席之地。

▋謹慎說話

按語：

病從口入，禍從口出，不經大腦思索，隨意大放厥詞，只會引來災難。因而，敘述時保持謹慎的思路，對我們來說非常重要。

人們對於無關自己的事，往往處理得非常聰明，雖然他們在其他事情上顯得並不怎麼靈敏。人們善於做這類的代數：給他們一個已知數做根據，他們能解答最複雜的問題。因此，如果你想訴說很久以前發生的一件事，沒有提及任何人的名字，或是指出你談到的人是誰，你必須非常小心，任何可能指向實情的東西，無論是多麼間接，包括某一地點、日期或只是稍有牽連的某人的名字，或是甚至跟事件關係遙遠的某些情況，一定不要在敘述中引入，因為那麼做等於立刻給人們一些肯定之物做為起點，加上他們得到對這類代數的天分的幫助，便能發現其餘的一切。他們在這些事上的好奇心，變為一

種狂熱：他們的心意激勵智力，驅使它往前，達到最難找到的結果。儘管人們對於一般及永恆真理毫無興趣，就這事莫名其妙的細節來說，他們可熱情洋溢了。

生氣蓬勃的人，在無人聆聽之時高聲說話，感到頗能抒發胸臆。最好不要這麼做，以免養成習慣。因為在這種方式中，思想慢慢會跟說話打成一片，說話可能成為自言自語的一種過程。謹慎要求我們，在所想和所言之間，劃出一道鴻溝。

「錢財被騙，得益良多」，花錢買教訓，我們會一下子就買到「謹慎」。

▌對不幸有所準備

按語：

世上所發生的每件事——無論大、小——都是有其需要而發生的。倘若我們真正瞭解了這句話，便也能裝備齊當，冷靜地忍受人世間的不幸了。

倘若我們意識到不幸定會降臨，而事先對它有所準備，在它來臨時，我們便不覺得那麼嚴重了。為什麼會這樣呢。其理由主要是：在不幸來臨前，要是我們已確知它是否會發生，我們就會知道它的全部程度和範圍，至少我們能想到它將對我們造成什麼影響。所以，倘若它們真的來到，便不會使我們過分難受——我們所感受到的不會超過其實際的分量。

倘若事先沒有準備，心態一時陷入驚慌，我們便無法看出禍害的全部涵蓋面。無論如何，它看起來影響太大，受害者會以為是漫無止境的，從而把事態擴大。同樣地，黑暗和情況不明總是會增加危險感。當然，如果我們想到過不幸的可能性，我們也會同時考慮到何處可以找到幫助和安慰。至少，我們已經習慣了「不幸」這個念頭。

「世上所發生的每一件事——從最小的到最大的生存事實——都是有其需要而發生的。」倘若真能瞭解這句話，我們將能裝備齊當，冷靜地忍受人世間的不幸。這樣，人們不久就能讓自己適應不可避免的事——那些有其需要而發生的事。人們倘若能瞭解發生之事都是有其需要的，他們就會發現事

態就是這麼無可改變，哪怕是世界上最古怪的機遇，也是其需要的產物，正如同按照熟悉的定理，合於我們期望所出現的一些現象。

智慧的力量

按語：

一個真正想成就一番事業的人，一定不會以一時一事的順利和阻礙為念，也不會為一時的成敗所擾，面對不利局面，他會奮發圖強，艱苦奮鬥，去實現自己的理想，成就功業。

作為武器，人腦比猛虎的血盆大口和雄獅的利爪要可怕得多。

世界上最高超的人該是從不猶豫、從不慌亂的人。我們的任務是仔細觀察我們的周遭，抵擋不幸且將它擊退，在避免人生不如意事這方面——無論是來自我們的種類，還是來自物質世界——想達到爐火純青的境界，就要像一隻狡猾的狐狸一樣，如此，我們才能從大大小小的不幸中溜開。要記住，「禍患」通常都是我們自己「短拙」的化身。

而立之年的界限

按語：

人之壯年，大抵都能身體力行，而能衣食無憂，盡享聲色之樂，待到年過而立，其晚景頓顯淒涼，也便更視錢財如生命。

而立之年之前，在使用生命力的方式上，我們被喻之為靠資金生息而生活的人：今天我們把錢花去，明天還會再有。但是，而立之年之後，我們的地位恰似投資者開始動用他的資金。剛開始，他並沒有注意到有何不同，因為他開銷的大部分都由本錢的利息支付。倘若超支不大，便無法引起他的注意。但是，超支在他不注意的情形下不斷增加，直到他察覺超支問題日漸嚴重。他的狀況開始變得不穩固，且趨勢越來越強，連他自己也覺得越來越窮，可是又沒有辦法停止吃積蓄。他由富有向貧窮下降的趨勢就像一個固體在空

中下降——人的生命力和財富——都真的同時開始消解，這個人的確到達可憐的困境。就是對於這種不幸的恐懼，使人年紀越大越為愛惜財物。

█本金和利息

按語：

健康是生命的本金，沒有了健康，生命的本金也就不復存在，更不會有生命的利息；財富是生命的利息，有健康的體魄才能獲取更多的財富，生命也便更強大。

在我們成年之前的階段還有成年之後的短暫時間——我們生命力的情況，如同有些人每年把一部分利息加到本金裡如出一轍。換句話說，不但他們的利息照常地收到，而且本金也不斷地獲得增加。在篤實的監護人的用心照顧之下，這種令人高興的情況——健康和財富都一樣——有時是能實現的。

█人生如書，人生如戲

按語：

人生如書，書寫酸甜苦辣；人生如戲，演繹悲歡離合。

人生的前四十年好比寫出一本書的正文，剩下的時間完成該書的注釋。沒有注釋，我們對正文的真義、系統，該書所含的寓意，還有它可接受的微妙引申，都無法獲得正確的瞭解。

激情退卻之後，生命的真正核心已經離去，除了軀殼之外，沒有留下其他東西。從另一觀點來看，人生又猶如一齣喜劇，開場是真正的演員，以後由穿著他們衣服的機械人繼續到演出，直到最後收場。

謹防寂寞無聊

按語：

無限風光在險峰，最美莫過夕陽紅。人到老年，便能回顧人生之途程，因而能發現昨日浮華已成過眼雲煙，昔日榮辱也已銷聲匿跡，進而能心底無私天地寬，也便能頤養天年。

人到了老年，就會覺著時間過得非常快，這種感覺本身就能防止寂寞無聊。年老體弱並無大礙，除非我們要靠體力謀生。

年老而貧窮是極大的不幸。倘若經濟條件允許，健康狀況良好，老年是人一生值得度過的美好時光。這時的需要是舒適，不為生活愁苦，因此，金錢比以前倍加珍貴，因為它能補足體能上的衰退。愛和美的女神遺棄他，老人轉而去找酒神給他歡樂。他過去喜歡觀察事物、旅行和研究，現在想要發言，教導他人。如果老人保持一些對學問、音樂或戲劇的喜好，倘若他對周圍的事物仍感覺相當敏銳，那就夠幸運了。

人生的起點與終點

按語：

人生是彎彎曲曲的一段旅程，在未到達終點之前，你只能知曉起點的出處，卻無從知道終點的模樣。

在步入老年之前，任何人對人生的認識是不完整也是很難適當的。只有老人才能看到人生的整體，知道它的自然進程。大家都對人生的起點有所認識，但只有老人對於人生的終點才有認識，這一點是極為重要的。因此，只有老人對於人生的極度虛妄，有充分的瞭解；其他人則從不停止努力，因為都免不了有「船到橋頭自然直」的錯誤想法。

人之將死

按語：

只有生命快要終了之際，我們才會真正認清和瞭解真實的自己。

在人生快要走到盡頭時，就像化裝舞會的終了時分，大家把面具摘下所發生的景況大抵一樣。這時，我們能看出究竟誰是誰，在我們行經這個世界的道路上，我們跟誰有過接觸。在生命終了之時，每個人物都露出真面目，行動已有結果，成就得到正確的評價，一切虛假和偽裝都已暴露。所有這些事件的發生，「時間」都是必要的條件。

只有當生命快要終了之時，我們方才真正認清和瞭解真實的自己——我們一生所依從的目標和方向，尤其是我們跟其他人和全世界所建立的那些關係。由於這些認識，我們往往會把自己從前認為應該獲得的地位降低一些。但也有例外，偶而我們會提升自己此前所評估的地位，這是因為我們過去對於世人的卑下未有適當的觀念，我們一向所認定的目標，比其他人所遵循的要崇高一些。

人生的智慧

按語：

人生是一種語言，某些真理透過它傳給我們，倘若我們能夠用別的方法學得這些真理，那麼我們幹嘛還活著呢。所以說，聰明的諺語和嚴謹的格言絕彌補不了經驗的缺失，也無法代替生活本身。儘管如此，還是不能輕視諺語與格言，它們應該受到高度尊崇，因為它們也是人生的一部分。

在我們生活的美好日子裡，應該時刻不忘我們陷於憂鬱、沉悶，無所適從的困境，以教導我們如此正確地行動。

相信我，親愛的朋友們，要聰明些。人們完全是以自我為中心的，不能客觀地觀察事物。

倘若你心生疑問，為什麼那些卑鄙可恥的人們會如此幸運？這是因為，在他們自身，對他們的自身，以及為他們自身來說，他們根本什麼都不是。他們從來就是手段；他們本身絕不是一個目的與目標，他們不過是用來捕捉別人的誘餌。他們只為別人存在，這個規則沒有什麼例外。

亞里斯多德在一切事情上堅持中庸的原則，是不適合於道德法則的，但它卻是這原則意圖之所在；但是，它可以容易地成為世俗智慧的最好的一般規則，一種幸福生活的最佳箴言。因為人生充滿了不確定性；在一切方面都有這樣多的痛苦、重擔、災難、危險，以致只有小心翼翼地掌握航向，避開暗礁險灘，才能完成一個平安與快樂的人生航程。一般來說，對於我們所瞭解的惡的恐懼，迫使我們陷入與之相反的惡；比如說，孤寂的痛苦使我們進入社交，我們的第一個社會產生了；社會的不快又使我們陷入孤寂；我們用一種令人生畏的舉動，換來輕率的自信，等等。為避免一種惡而倉促地走向其反面，這簡直是愚蠢的標誌。

有時我們認為，我們將發現對某事有興趣，便把我們的全部力量放在它上面；從而忽略、放棄了能滿足一百樣願望（我們不時感到有這些願望）的工作。一次疏忽，錯過機會，時不再來，痛苦無盡無休。

所以，中庸與對什麼也不酷愛，是世俗智慧的極好規則。

只有自我克制和相互約束，我們才能與別人交談與共事；所以如果我們非得要交談，只得抱著一種順從的精神為之。因為，如果我們追求社交，那是因為我們想要新穎的印象；這些印象來自外部，所以對我們自己是陌生的。倘若一個人無法察覺到這一點，並且，當他尋求與他人社交時，又不願意表現出順從的精神，並絕對拒絕否定他自己，不只如此，還要求別人按照他的意願行事，這個人的做法完全是自相矛盾的。因為另一方面，他要找一個與自己不同的人，正因為他與自己不同，才想找他，然而，為了社交與新穎的影響，他卻要求這個另外的個人，必須和他想像的人完全一樣，而且只能有他自己有的那些思想。人很容易囿於這種主觀性。

事實上，為人生之旅做準備，最重要的事情就是要具備充分的順從、忍受的精神。這種精神儲備必須從種種不斷落空的希望中吸取；並且，我們越早這樣做，對我們以後的旅程便越有利。

口齒伶俐的人與人交談時，不太考慮與自己交談的人正在說什麼話；因為那時他肯定不說任何他以後會感到遺憾的話，他一定不會實話實說，也不會犯胡言亂語的毛病，但是，他的發言絕不會特別有趣。

一個有智力的人，很容易做與此相反的事，與他人交談時，成了他一個人的單一演講；與他交談的另一方，沉默不語、暗自等待有智力的人說話，然後從他的話語裡了解他的祕密，這也就算以此彌補了他的從屬角色。

人們永不滿足的主要根源，在於自我保存的衝動。這種衝動變成一種自私自利，並且從這一格言中得出一個責任，格言說：人們應當永遠注意自己缺乏什麼，以便可以努力得到它。因此，人們總注意自己想要什麼，並且總是考慮它，但是，那個格言使人們心安理得地無視自己已經擁有的東西；所以，一旦人們得到什麼東西，就很難像以往那樣重視它了。人們很少想自己擁有什麼，他們心裡想得最多的是——缺什麼。

人們永遠應該設法保持其目光遠大，不要被小事糾纏，一旦糾纏於瑣碎的小事，往往會忙亂不堪，眼光短、見識淺。暫時的成功或失敗，以及成敗給人的印象怎樣，根本算不了什麼。

學習瞭解自我，認清什麼是自我、什麼是最先想要的東西，這有多難啊。所以，首先想要的是什麼，乃是我們的幸福最為直接所必需的；然後下一個應是什麼，占第三位與第四位的是什麼等等。

假如我們的生活沒有這種知識，便不會有切實可行的計畫，我們的生活就會忙得團團轉，就會找不到方向，就像船長沒有指南針一樣。

一切無知都是危險的，並且大多數錯誤必定付出沉重的代價。一個人一直到死，頭腦中還帶著一個沒有受到懲罰的錯誤，他一定是運氣好。

每次成功時，我們都有雙重有利的作用，當它除了帶來特殊的與物質的利益以外，還帶來激勵生機的保證，即，這個世界，命運或內心的惡魔，對

我們未太懷惡意，也不像我們曾想像的那樣反對我們的美好前程；但，總之，每次成功都能讓我們恢復生活下去的勇氣。

同樣地，每次不幸或失敗，在相反的意義上，也有一種雙重的令人沮喪的作用。

每個人由於他的個性與所處地位的影響，他的觀念和所持意見，毫無例外，都存在某種程度的侷限性。另一個人同樣如此，只是情況不同；但如果他瞭解對方能力有限，即使他自己遠遠不如對方優秀，倘若能抓住對方的弱點，便能迷惑他，羞辱他，使他受窘。聰明伶俐的人時常利用這種情況，獲得一種假象的、暫時性的優勢。

唯一真正的優越性是心智與個性的優越性；一切其他優越性都是虛構的、偽裝的、欺騙的。

整個世界是個大舞台，所有人都是演員，都在扮演著自己的角色，這一角色，是命運透過決定他得到的職位、教育與境遇等外部條件，強加給他的，這一真理最直接地結合現實就是：生活中，和在戲台上一樣，我們必須區分開演員與他扮演的角色，那就是，把這個人本身與他的地位與名聲區別開──與已經受職位、境遇影響或塑造的角色區別開。一個人倘若混淆了演員和他的角色，必定是粗魯的。

國家圖書館出版品預行編目（CIP）資料

你叔本華系的？跟著叔本華看海海人生 / 劉燁 編譯 . -- 第一版 .
-- 臺北市：崧燁文化，2019.12
　　面；　公分
POD 版

ISBN 978-986-516-180-4(平裝)

1. 叔本華 (Schopenhauer, Arthur, 1788-1860) 2. 學術思想

110.8 108018868

書　　名：你叔本華系的？跟著叔本華看海海人生
作　　者：劉燁 編譯
發 行 人：黃振庭
出 版 者：崧燁文化事業有限公司
發 行 者：崧燁文化事業有限公司
E - m a i l：sonbookservice@gmail.com
粉 絲 頁：　　　　　　　網 址：
地　　址：台北市中正區重慶南路一段六十一號八樓 815 室
8F.-815, No.61, Sec. 1, Chongqing S. Rd., Zhongzheng
Dist., Taipei City 100, Taiwan (R.O.C.)
電　　話：(02)2370-3310 傳　真：(02) 2388-1990
總 經 銷：紅螞蟻圖書有限公司
地　　址：台北市內湖區舊宗路二段 121 巷 19 號
電　　話:02-2795-3656 傳真 :02-2795-4100　　網址：
印　　刷：京峯彩色印刷有限公司（京峰數位）
　　本書版權為千華駐讀書堂出版社所有授權崧博出版事業有限公司獨家發行電子
書及繁體書繁體字版。若有其他相關權利及授權需求請與本公司聯繫。
定　　價：250 元
發行日期：2019 年 12 月第一版
◎ 本書以 POD 印製發行

獨家贈品

親愛的讀者歡迎您選購到您喜愛的書，為了感謝您，我們提供了一份禮品，爽讀 app 的電子書無償使用三個月，近萬本書免費提供您享受閱讀的樂趣。

iOS 系統　　　　安卓系統　　　　讀者贈品

請先依照自己的手機型號掃描安裝 APP 註冊，再掃描「讀者贈品」，複製優惠碼至 APP 內兌換

優惠碼(兌換期限2025/12/30)
READERKUTRA86NWK

爽讀 APP ━━━━━━━━━━━━━━━━━━━━━━━━━━━━━

📕 多元書種、萬卷書籍，電子書飽讀服務引領閱讀新浪潮！

🎧 AI 語音助您閱讀，萬本好書任您挑選

🔍 領取限時優惠碼，三個月沉浸在書海中

🔔 固定月費無限暢讀，輕鬆打造專屬閱讀時光

不用留下個人資料，只需行動電話認證，不會有任何騷擾或詐騙電話。